GUIDE DE L'ABONNÉ AU GAZ D'ÉCLAIRAGE

APERÇU ÉLÉMENTAIRE

MIS A LA PORTÉE DE TOUS SUR LES AVANTAGES QUE PRÉSENTE L'EMPLOI BIEN ENTENDU DU GAZ A L'ÉCLAIRAGE ET AU CHAUFFAGE

PAR ÉMILE DURAND

RÉDACTEUR EN CHEF DU JOURNAL LE GAZ

Prix : 1 franc 50 centimes

PARIS

LIBRAIRIE SCIENTIFIQUE, INDUSTRIELLE ET AGRICOLE

LACROIX et BAUDRY

Réunion des anciennes maisons L. MATHIAS et du COMPTOIR DES IMPRIMEURS

15, quai Malaquais, 15

ET A L'ADMINISTRATION DU JOURNAL *LE GAZ*, 61, PASSAGE JOUFFROY.

GUIDE
DE L'ABONNÉ
AU
GAZ D'ÉCLAIRAGE

APERÇU ÉLÉMENTAIRE

MIS A LA PORTÉE DE TOUS SUR LES AVANTAGES QUE PRÉSENTE L'EMPLOI BIEN ENTENDU DU GAZ A L'ÉCLAIRAGE ET AU CHAUFFAGE

PAR ÉMILE DURAND
RÉDACTEUR EN CHEF DU JOURNAL LE GAZ

Prix : 1 franc 50 centimes

PARIS
LIBRAIRIE SCIENTIFIQUE, INDUSTRIELLE ET AGRICOLE
LACROIX et BAUDRY
Réunion des anciennes maisons L. MATHIAS et du COMPTOIR DES IMPRIMEURS
15, quai Malaquais, 15
ET A L'ADMINISTRATION DU JOURNAL *LE GAZ*, 61, PASSAGE JOUFFROY.
1858

INTRODUCTION

HISTOIRE DE L'ÉCLAIRAGE DE PARIS.

Notre intention, en abordant ce travail instructif pour tous, était de le faire précéder d'un résumé succinct de l'histoire de l'éclairage au gaz ; mais nous avons pensé que nos lecteurs nous sauront peut-être gré d'y substituer celle de l'éclairage de Paris.

Paris, en effet, n'a-t-il pas vu naître les progrès de toute nature? Ne leur a-t-il pas toujours fait le plus généreux accueil, au point que la faveur de son hospitalité était, et est encore de nos jours, comme un brevet de perfection, comme un droit à la renommée.

Ecrire l'histoire de l'éclairage de Paris, c'est donc en quelque sorte écrire celle du gaz, avec cette différence que tout l'attrait anecdotique de la première sauve l'aridité des détails de la seconde.

Le Parisien de nos jours qui promène le soir sa flânerie nonchalante le long de cette voie immense, magistrale, aux arcades remplissantes de lumière, dont le nom est un souvenir de victoire, et qui gagne les boulevards par la rue de la Paix, s'est-il jamais demandé, au milieu de cet éblouissant Paris de Napoléon III, ce que devait être le Paris des anciens jours, sans lumière, sans pavage, sans air, alors que les rues défoncées par la pluie, transformées en cloaque par la neige, ne recevaient d'autre clarté que la lueur de rares chandelles suspendues à quelque premier étage, et dont les rayons filtraient avec peine au travers de vitres en corne?

A-t-il jamais substitué en imagination à l'élégante architecture de nos jours, l'architecture parcimonieuse de nos pères, qui, pour regagner le terrain, déjà si étroit, que prenait alors la voie publique, forçaient les étages supérieurs de leurs maisons, aux pignons en pointe, à surplomber les rez-de-chaussée, renfermant ainsi dans un espace presque sans air les émanations fétides d'un sol qu'aucun rayon de soleil ne desséchait jamais?

Qu'il se figure un dédale de rues tortueuses telles que les rues du Milieu-des-Ursins, de la Calandre, de l'Homme-Armé, devaient sembler vastes et aérées auprès de celles du vieux Paris, et pour compléter l'illusion, qu'il les parcoure par la pensée au moment où le couvre-feu vient de sonner au beffroi de la paroisse, que les bandes de *mauvais garçons* se répandent au hasard dans ces rues sans lumière, au mépris des chaînes que le génie de la police a tendues à chaque coin, et que le guet ou Messieurs les Archers de la prévôté les poursuivent à tâtons, se heurtant à chaque borne, trébuchant à chaque pas, au grand ébaudissement des truands, dont les cris réveillent en sursaut les bourgeois endormis, et leur font appréhender quelque émeute de populaire.

S'il se demande ce qu'il a fallu de temps, de tâtonnements, d'ordre et de progrès pour en arriver au Paris actuel, qu'il suive avec nous toutes les phases que la question seule de l'éclairage a traversées, et il n'aura encore qu'une idée imparfaite du génie administratif qu'il a fallu développer.

Avant l'année 1442, Paris n'avait aucun éclairage public ; il est vrai qu'à cette époque l'art du *lanternier* était encore dans l'enfance. On construisait alors des *falots* destinés à recevoir une chandelle; les vitres étaient en corne, et cette corne n'était pas toujours de bon aloi, car une ordonnance du prévôt de Paris, du 12 mars 1323 interdit aux *lanterniers*, sous peine d'une amende de 2 *sols* envers les *maîtres* et de 5 *sols* au profit du roi, de faire des lanternes *en ralle de bœuf, quar ce sont pièces qui viennent de l'ongle du bœuf, que tantost comme elles sont moillées et puis sentent un pois de chant, elles se mettent et reviennent en leur premier point, et demeurent troubles et obscures, par quoi l'on ne s'en peut conduire ni veoir son chemin.*

Mais ces prescriptions ne concernaient que les lanternes mises en vente pour les usages particuliers; de l'éclairage public, il n'en était point encore question. Le premier roi qui s'occupa de l'éclairage au point de vue de l'utilité publique fut Charles VII, qui prescrivit en 1442 aux *lanterniers* de faire des *lanternes* qui pussent être mises en salles, *en rues et ailleurs que il convenait.*

Toutefois cette idée ne fut pas comprise, et ce ne fut que 82 ans plus tard, en 1524, que, des incendiaires ayant porté le deuil dans Paris et dans plusieurs villes de province, au moment même où la France subissait les désastres du règne de François Ier, le parlement rendit le 7 juin un arrêt par lequel *icelle cour enjoint et commande à tous lesdits habitants et chacun d'eulx qu'ils ayent à mettre à 9 heures du soir à leurs fenêtres respondantes sur la rue, une lanterne garnie d'une chandelle allumée en la manière accoustumée.*

Une nouvelle ordonnance du 17 novembre 1526

avança d'une heure le moment où les lanternes devaient être allumées; le 29 octobre 1558, la chambre du conseil, trouvant sans doute insuffisant l'éclairage public tel qu'il était effectué d'après les arrêtés antérieurs, arrêta qu'il y aurait à l'avenir, au coin de chaque rue ou autre lieu plus commode, *un falot ardent* depuis 10 heures du soir jusqu'à 4 heures du matin, et dans le cas où les rues seraient trop longues pour que ledit *falot* ne pût éclairer d'un bout à l'autre, elle voulut que l'on en mît un au milieu desdites rues, *et plus suivant la grandeur d'icelle.* L'organisation de cet éclairage fut confiée aux soins des commissaires quarteniers, dizainiers et cinquanteniers de chaque quartier, assistés de deux bourgeois notables de chaque rue, pour *adviser aux frais desdits falots.* Il est à remarquer que, de même que l'ordonnance de 1524, cet arrêté eut pour cause l'ordre public, troublé cette fois par des rassemblements illicites dont les querelles religieuses étaient le principal objet.

A peine était-il rendu, que l'on substitua aux falots les *lanternes ardentes allumantes.* Mais il faut croire que les prescriptions de l'autorité cessèrent d'être observées dès que les troubles furent apaisés, et que l'éclairage public tomba en désuétude, car en 1594, sous le règne de Henri IV, une ordonnance de police commanda que les *lanternes et chandelles seraient remises aux lieux et endroits accoutumés.* On imagina alors de les suspendre au milieu des rues au moyen de traverses en cordes, avec des poulies et des boîtes en bois qui protégeaient les cordes de suspension contre la malveillance des turbulents. Toutefois, si l'esprit d'invention et de progrès avait amélioré la construction de l'appareil extérieur, en revanche, l'objet principal, la lumière, n'avait pas fait un pas. On se servait toujours de chandelles, comme le prouve l'ordonnance, et il faut croire que ce mode d'éclairage ne brillait pas d'un éclat bien vif, car les premiers jours du règne de Louis XIV virent se former une société dirigée par l'abbé Laudaty Caraffa, laquelle société, composée de *porte-flambeau* et de *porte-lanterne*, se chargeait, moyennant salaire, d'accompagner à leur domicile les habitants attardés.

Un privilége de vingt ans fut accordé, suivant Félibien, à cette Société, et le Parlement régla tous les détails de ce service. Ainsi l'on ne devait employer que des flambeaux d'une livre et demie, de bonne cire jaune, achetés chez les épiciers de Paris, ou par eux fabriqués et marqués aux armes de la ville. Ces flambeaux étaient divisés en dix portions qui devaient chacune être payées *cinq sols*, même celle seulement entamée.

Les *porte-lanterne* étaient installés dans des postes spéciaux distants chacun de trois cents pas ou cent toises. Chaque poste était indiqué par une lanterne peinte, et la distance de l'un à l'autre était payée *un sol*. Les gens en voiture payaient aux porte-lanterne *cinq sols par quart d'heure*, et les gens à pied *trois sols* seulement. Enfin les porte-lanterne devaient porter constamment à leur ceinture, comme signe distinctif et indicateur de leurs fonctions, un sablier d'un quart d'heure, dont l'exactitude était vérifiée et attestée par l'empreinte des armes de la ville.

Gabriel-Nicolas de la Reynie, nommé par le roi lieutenant de la police de Paris, rendit, le 2 septembre 1667, un arrêté qui est, à vrai dire, le premier acte complet que l'on ait publié sur l'éclairage. Il voulut que dans toutes les rues, places et autres endroits de la ville, on installât pendant l'hiver des lanternes fournies et entretenues aux frais des habitants, dont la négligence entraînerait pour la première fois une amende de 48 livres parisis. Des rôles furent formés pour l'organisation de ce service. Les chandelles employées durent être de quatre à la livre, et l'allumage fut prescrit même pendant le clair de lune, et cela pour les seuls mois de novembre, décembre, janvier et février.

La Reynie préludait ainsi à cette administration vigoureuse qui devait bientôt délivrer Paris des truands dont il était infesté. Une médaille fut frappée en l'honneur de cet arrêté ; elle portait pour légende : Urbis securitas et nitor. Plus tard, Voltaire, dans une pièce de vers sur *la Police sous Louis XIV*, célébra ainsi l'heureux effet des prescriptions de La Reynie :

L'astre du jour à peine a fourni sa carrière,
De cent mille fanaux l'éclatante lumière,
Dans ce grand labyrinthe avec ordre me luit.
Et forme un jour de fête au milieu de la nuit.

Le poëte, comme l'homme au chou du bon La Fontaine, se croyait sans doute l'hyperbole permise, car en 1766, c'est-à-dire cent ans après l'organisation de l'éclairage par La Reynie, Paris ne comptait encore que *trois mille* lanternes.

Mais quatre mois d'éclairage ne devaient pas suffire pour une ville comme Paris ; les malfaiteurs, habiles à profiter de toute occasion, se livrèrent au désordre pendant les mois où les lanternes n'étaient pas allumées, et sur les réclamations des bourgeois, un arrêt du Parlement, du 23 mars 1671, ordonna que l'on éclairerait à l'avenir du 20 octobre au 31 mars ; toutefois le service n'en fut pas moins supporté et exécuté par les habitants. On devine ce que cette sujétion dut apporter d'entraves à l'exécution des règlements ; c'était à qui éluderait ce service. Déjà les médecins s'en étaient fait exempter ; les anciens bourgeois de chaque quartier se liguaient entre eux pour charger de ces fonctions les habitants fraîchement installés, et les insultaient ensuite par des charivaris et des chansons. Cependant cette organisation, toute vicieuse, subsista tant bien que mal jusqu'en 1758, aidée qu'elle fut du concours des hommes les plus notables.

On doit peut-être à l'imperfection des appareils, que Paris ait été jusqu'à 1697 la seule ville de France dotée d'un éclairage public. Un édit du mois de juin de ladite année en ordonna l'usage dans les principales villes du royaume. Les lanternes installées durent avoir 20 pouces de hauteur sur 20 de large, et être posées à 5 ou 6 toises de distance l'une de l'autre, directement au milieu des rues.

Un arrêt du 9 juillet 1758 déchargea les habitants du service de l'éclairage, qui fut depuis lors exécuté par des employés spéciaux aux frais de la couronne.

Mais déjà depuis 1745 Matherot de Preignat et Bourgeois de Châteaublanc avaient inventé les *lampes à réverbère*. C'était alors un progrès réel ; néanmoins il fallut, comme nous le voyons par l'arrêté de 1758, une période de treize années pour que Paris tout entier, le Paris d'alors, fût doté de ce nouveau système d'éclairage. Pourtant l'invention nouvelle avait été goûtée de tous ; *Valois d'Orville* avait même, à ce sujet, composé un poëme (1) dont le succès avait dû aider à la propagation des lampes à réverbère.

Dans sa fiction, le poëte prétend que Phébus, fatigué de se voir chaque jour interrompu dans sa carrière par l'obscurité de la nuit, porte ses plaintes au pied du trône de Jupiter. Celui-ci, fort embarrassé sans doute de changer quelque chose dans l'ordre établi, ne trouve rien de mieux à lui répondre que ces mots :

Calme-toi...........
Pour tes bienfaits plein de reconnaissance,
Le terrestre séjour soudain
Va se charger de ta vengeance,
Le règne de la nuit désormais va finir.
Des mortels renommés par leur sage industrie,
De leur climat sont prêts à la bannir.
Vois les efforts de leur génie :
Pour placer la lumière en un corps transparent,

(1) Paris, 1746. Delespine, imprimeur, rue Saint-Jacques, *à la Victoire* et *au Palmier*.

Avec un verre épais une lampe est formée.
Dans son centre une mèche, avec art enfermée,
Frappe un réverbère éclatant
Qui, d'abord la réfléchissant,
Porte contre la nuit sa splendeur enflammée.
Globes brillants, astres nouveaux,
Que tout Paris admire au milieu des ténèbres,
Dissipez leurs horreurs funèbres
Par la clarté de vos flambeaux !
....

Es-tu content Phébus? Que la nuit désormais
Veuille étendre ses voiles sombres,
Son empire est détruit, ces lumineux objets
Seront à l'avenir les vainqueurs de ses ombres.

Comme on le voit, le succès de ces lampes avait en quelque sorte fait époque; cependant M. de Sartines, lieutenant de police, jugeant qu'il était possible d'obtenir encore de meilleurs résultats, promit une récompense à celui qui, au jugement de l'Académie des sciences, inventerait un système d'éclairage supérieur à celui de Preignat et de Châteaublanc (1769).

Alors ce ne fut plus qu'essais de tous côtés. Alléchés par le prix, les inventeurs se mirent à l'œuvre ; les uns proposèrent des lampes de verre, les autres des lanternes à deux vitres placées le long des murs comme les appliques que l'on trouve encore à la porte de quelques corps de garde.

Enfin un appareil attira plus particulièrement l'attention de l'Académie. C'était un réverbère de forme hexagone, garni à l'intérieur d'une lampe portant plusieurs becs alimentés par un réservoir unique, et munis chacun d'un réflecteur concave en cuivre argenté, dit réflecteur à facettes à cause des échancrures qui y avaient été pratiquées. C'est ce même appareil dont on rencontre encore de rares échantillons sur les berges de la Seine.

L'Académie décerna donc le prix à l'inventeur, le sieur *Tourtille Saugrain*, qui fut chargé de l'entreprise de l'éclairage de Paris, pendant vingt années, au prix de 43 liv. 12 sols pour l'entretien annuel de chaque bec de lampe. Alors les réverbères étaient alimentés avec des huiles d'olive, et il paraît que pendant toute la durée du bail elles furent tellement chères que Saugrain éprouva des pertes sérieuses ; on les compensa en 1784 par un renouvellement de bail de vingt années nouvelles.

L'éclairage public avait lieu toute l'année, excepté pendant la durée du clair de lune ; et comme celle-ci, qui n'avait aucun engagement avec la ville, usait fréquemment de la liberté d'action que lui donnait son éloignement de la terre, éloignement qui la mettait hors des atteintes des exempts et du lieutenant de police, il en résultait que souvent elle était absente au moment où l'administration économe avait le plus compté sur sa présence.

Alors la ville restait plongée dans les ténèbres ; de là de nombreuses réclamations qui demeurèrent sans succès. Il fallut un bon mot pour mettre fin à cet état de choses : « Ah ! s'écria un comédien, certain soir qu'à » la faveur d'un clair de lune absente, il pataugeait » dans les boues de Paris, il paraît que la lune comp- » tait aujourd'hui sur les réverbères, et que les ré- » verbères comptaient sur la lune ; il n'y a ni réver- » bères ni lune, et ce qu'il y a de plus clair, c'est que » l'on n'y voit goutte. »

L'esprit à cette époque ne courait pas les rues, aussi parfois une saillie heureuse faisait-elle fortune. Il en fut ainsi cette fois : cette plaisanterie parvint aux oreilles du lieutenant de police Lenoir, qui ordonna que pendant les jours de lune les réverbères resteraient allumés jusqu'à trois heures du matin. Cet ordre annula par contre-coup certaines pensions qui étaient servies sur les économies que procurait la suspension de l'éclairage pendant les huit ou dix jours de lune, et que le public appelait avec ironie : *pensions sur le clair de lune.*

En 1799, l'ingénieur Philippe Lebon inventa le thermolampe et appliqua le gaz hydrogène à l'éclairage. Déjà en l'année 1785, dans une expérience faite au jardin des Plantes par Buffon et Lavoisier, sur un procédé de carbonisation de la houille inventé par Faujas de Saint-Fond, Lavoisier avait remarqué que la houille contenait une grande quantité de gaz hydrogène, mais cette observation était restée stérile.

L'invention de Lebon éveilla l'attention publique. Sa maison, rue Saint-Dominique, n° 1517, fut le théâtre d'expériences fort remarquables, auxquelles chacun avait le droit d'assister moyennant une rétribution de 9 fr. Le premier consul lui accorda des concessions de bois dans la forêt de Rouvray pour expérimenter ses procédés ; mais les bonnes intentions du chef de l'État furent paralysées par l'imperfection de l'invention naissante. Sans doute, il ne devait pas être donné au génie de l'Empereur d'unir les palmes de l'industrie aux lauriers de la victoire, et il en fut du gaz comme de la vapeur. Lebon, ruiné, mourut à la peine ; et l'empire ne put qu'accorder une pension à sa veuve, en attendant que le grand homme rencontrât plus tard, sur la route de l'exil, la vapeur que nos corps savants avaient traité de folie.

Pendant ce temps, l'industrieuse Angleterre faisait germer l'idée française qu'elle avait recueillie. Murdoch et Winsor fondaient à l'envi des usines au gaz de houille, et déjà, en 1810, Londres avait adopté cet éclairage.

Laissons un moment l'Angleterre perfectionner l'idée que Lebon n'a pas eu le loisir de mener à bien pour la plus grande gloire de l'industrie française, et voyons les progrès que l'éclairage à l'huile avait faits pendant l'enfantement si pénible de l'éclairage au gaz.

Frappé de l'impuissance lumineuse, si nous pouvons

nous exprimer ainsi, des lampes à mèche plate, un Génevois du nom d'Argand avait imaginé la lampe à double courant d'air, et ouvert ainsi à l'éclairage à l'huile un horizon sans bornes. Comme Lebon, la mort le surprit au milieu de ses travaux ; mais, plus heureux que celui-ci, il laissait à des mains habiles le dépôt précieux de son invention, ainsi que des études fort avancées déjà sur une nouvelle forme de réflecteurs.

Bordier-Marcet, son successeur, s'appliqua à perfectionner et à compléter l'œuvre de celui que l'on a appelé à bon droit *le père de la lumière*, justice tardive qui ne put le consoler d'avoir vu, nouveau Colomb, donner le nom de *Quinquet*, l'un de ses ouvriers, un plagiaire, aux appareils dont l'invention faisait sa gloire.

Les réflecteurs paraboliques de Bordier-Marcet, adaptés aux lampes d'Argand, firent leur apparition dans la capitale de 1805 à 1808. Des expériences sérieuses et suivies eurent lieu par les ordres de l'autorité. De tous côtés le succès fut complet, et le nouveau système d'éclairage allait être adopté lorsque reparut le gaz. Ryss-Poncelet, de Liége, qui s'était généreusement associé à la veuve de Lebon, vint s'installer dans les galeries Montesquieu, qu'il éclaira au gaz, aux grands applaudissements de la foule, aidé qu'il était des appareils que Bordier-Marcet avait construits lui-même, prêtant ainsi à son heureux rival tout le prestige de ses inimitables reflecteurs.

Cinq ans après, l'Allemand Winsor, cet ardent propagateur du gaz, qu'aucune difficulté n'arrêtait, et qui soutenait non-seulement l'innocuité de cet éclairage, mais qui prétendait que l'odeur du gaz était salutaire aux phthisiques, Winsor, disons-nous, vint en France, et, au mépris de l'opposition des savants, réussit à éclairer le passage des Panoramas, le Palais-Royal, l'Odéon et le Luxembourg. Des vices d'administration l'arrêtèrent au milieu de ses succès, et Pauwels, acquéreur de son matériel, fonda l'usine du

Grand-Prieuré, tentative qui ne fut guère plus heureuse. Mais pendant tous ces essais M. Chabrol de Volvic, préfet de la Seine, faisait établir une usine à gaz pour le service de l'hôpital Saint-Louis, et le roi, Louis XVIII, jaloux de voir sous son règne progresser une grande industrie, avait, des deniers de la liste civile, fondé la Compagnie royale, dont il ordonna la vente aussitôt qu'elle put se passer de son appui.

On a fait, au sujet de cette création, un curieux rapprochement de chiffres que nous signalons aux amateurs des nombres cabalistiques ; on a remarqué que c'est en **1818** que Louis **18** a donné **18** cent mille francs pour la fondation de l'usine de la Compagnie royale.

Cette création donna une impulsion salutaire à l'industrie du gaz ; les courtisans suivirent l'exemple du maître : l'Opéra, les Variétés, le Théâtre-Louvois, éclairés au gaz, attirèrent les capitaux dans la nouvelle voie qui leur était ouverte. 1822 vit naître la Compagnie anglaise qui s'installa à la barrière Courcelles, et acheta, l'année suivante, l'usine royale. Vers la même époque, Pauwels fils créa la Compagnie parisienne, et en 1824 le gaz portatif fit son apparition sous les auspices de Ternaux et Gandolphe ; malheureusement, ces deux dernières sociétés furent dissoutes en 1828.

Le 1er janvier 1829, le gaz, qui n'avait encore servi qu'à l'éclairage des établissements publics et particuliers, fut installé solennellement sur la voie publique dans la rue de la Paix et la place Vendôme.

Une nouvelle Compagnie française fut créée en 1830; le public s'accoutumait peu à peu à l'industrie nouvelle qui avait fait de grands progrès sous le rapport des procédés de fabrication. A partir de ce moment l'éclairage au gaz envahit promptement les rues de la capitale. La *Compagnie Lacarrière* fut fondée en 1836 et prit l'administration de l'usine établie par Pauwels père, dans la rue du Grand-Prieuré ; la *Pari-*

sienne et la *Compagnie de Belleville* furent créées l'année suivante ; enfin, en 1838, la fondation de la *Compagnie de l'Ouest* vint compléter le réseau qui devait, en quelques années, faire disparaître de Paris l'éclairage à l'huile.

Alors une commission fut instituée par l'administration municipale pour réglementer la vente et la distribution du gaz ; et, enfin, le 12 décembre 1846, un traité de dix-huit années commençant le 1er janvier 1847 fut passé entre les compagnies existantes, et stipula pour 1852 l'abandon complet de l'ancien système d'éclairage. Louis-Philippe sanctionna ce traité le lendemain même de sa signature.

Les Compagnies qui se partageaient l'éclairage de Paris étaient au nombre de six, ayant chacune un périmètre distinct. C'était la *Compagnie française*, possédant deux usines, l'une Faubourg-Poissonnière, l'autre à Vaugirard ; la *Compagnie anglaise*, usines avenue Trudaine et barrière Courcelles extra-muros ; la *Compagnie Lacarrière*, usine rue de la Tour ; la *Compagnie parisienne*, usine à Ivry ; la *Compagnie de Belleville*, usine à Belleville ; enfin la *Compagnie de l'Ouest*, usine à Passy.

En 1850, le traité de 1846 comptait à peine quatre années d'exécution, lorsque, d'un commun accord, les Compagnies se mirent en instance pour obtenir de l'autorité une prolongation de leur privilége.

Nous ne raconterons pas à nos lecteurs toutes les phases de cette question qui occupa la commission municipale et le conseil d'Etat pendant près de cinq années, pour aboutir au décret du 25 juillet 1855. Peut-être un jour écrirons-nous l'histoire de cette lutte célèbre; aujourd'hui nous nous bornons à dire que le traité susdit, abaissant à centimes le prix du mètre cube de gaz, a substitué aux six Compagnies une Compagnie unique qui, par un décret du 22 décembre 1855, est devenue société anonyme sous le titre de *Compagnie parisienne d'éclairage et de chauffage par le gaz.*

Pendant toutes les phases que subissait le gaz courant pour s'acclimater à Paris, le gaz portatif, tombé des mains de Ternaux et Gandolphe, n'en avait pas moins continué sans bruit une carrière pénible et difficile, lorsqu'en 1856, au mois de janvier, un nouvel essor fut donné à cette industrie d'abord mal comprise. Les progrès qu'elle a faits sous l'habile direction de M. d'Hurcourt ont trouvé à cette époque des appréciateurs qui ont formé la *Société du gaz général de Paris.*

Deux éclairages au gaz de différente nature sont donc employés aujourd'hui à l'éclairage de Paris, le *gaz courant*, et le *gaz portatif*; le premier a le privilége exclusif du service public, le second concourt avec lui à l'éclairage des établissements particuliers.

C'est de ces deux gaz que nous avons à entretenir nos lecteurs.

INSTRUCTION ÉLÉMENTAIRE.

CHAPITRE PREMIER.

DU GAZ.

Il est peu de personnes qui se fassent une juste idée du gaz d'éclairage, et qui ne croient que le gaz est un combustible spécial que l'on extrait de certaines matières seules capables de le fournir. Qu'elles se détrompent : toutes les matières organiques, c'est-à-dire tous les corps appartenant aux genres animal et végétal, ainsi que leurs dérivés, sont susceptibles de produire du gaz ; seulement le gaz qui en résulte n'est pas toujours doué d'un pouvoir éclairant suffisant pour qu'on puisse en faire une application avantageuse à l'éclairage.

Le gaz n'est donc pas, à proprement parler, un combustible, mais bien un produit en quelque sorte *aériforme* de la distillation d'une matière combustible quelconque.

Toutes les substances que l'on emploie à l'éclairage ne donnent de lumière qu'en brûlant. Or, qu'est la combustion, si ce n'est une distillation complète, une transformation en gaz de la matière première, transformation qui s'opère au moyen d'appareils plus ou moins compliqués suivant les phénomènes occasionnés par la nature même du combustible.

Ainsi, l'appareil de distillation le plus simple pour

l'éclairage, c'est la bougie ou la chandelle. Il suffit en effet d'un corps en ignition mis en contact avec la mèche, pour enflammer cette dernière, qui, peu chargée d'abord de matière combustible, ne donne qu'une très-faible clarté. La flamme, agissant peu à peu sur le suif ou la cire qui entoure la mèche, échauffe la matière et la fond ; la mèche, par sa capillarité, l'attire au moment de la fusion; le contact de la flamme la transforme en gaz, et la lumière est produite. Les bougies et les chandelles sont donc, à vrai dire, des appareils complets de distillation que la nature même de la matière première a permis de combiner avec la plus grande simplicité possible, tout en observant certaines proportions de pureté, de diamètre, d'épaisseur de mèche nécessaires pour éviter les inconvénients ordinaires de la combustion.

Mais au fur et à mesure que la combustion des matières premières est accompagnée de phénomènes nuisibles à la production de la lumière ou que la forme même des combustibles se prête peu à la simplicité, les appareils se compliquent.

Ainsi, l'éclairage par les matières liquides, comme l'huile, ne peut se faire d'une manière satisfaisante qu'avec des appareils (les lampes) dans lesquels une disposition de niveau ou un mécanisme quelconque force l'huile à abonder autour de la mèche en ignition. Là, la même distillation s'opère, et l'huile devenue gaz produit la lumière; seulement, comme la fumée est inévitable à l'air libre, il a fallu combiner des cheminées et régler des courants d'air.

Si au lieu d'huile on emploie le schiste ou le gaz liquide, comme la matière trop prompte à s'enflammer abonderait au bec par la seule action de la chaleur de manière à dégorger et à se répandre en nappes enflammées, il a fallu maintenir le liquide à une distance calculée du bec de façon à ne lui permettre d'arriver au point de combustion que complétement transformé en gaz au moyen de diverses combinaisons.

La même précaution a lieu dans la combustion des huiles-gaz et des huiles lourdes de goudron.

Dans tous ces divers modes d'éclairage, il est bien avéré que la matière première n'a pu brûler qu'à l'état de gaz ; les appareils qui ont servi à produire la lumière n'ont point cessé d'être portatifs parce que la gazéïfication a pu être opérée d'une manière en quelque sorte instantanée.

Mais du moment où l'on a voulu utiliser pour l'éclairage des combustibles tels que la houille, qui au contact du feu produisent une fumée fort intense, et dégagent des odeurs désagréables par suite des diverses substances qui entrent dans leur composition, on s'est vu forcer d'opérer à part la gazéification de ces matières, c'est-à-dire d'isoler la distillation, et de n'envoyer aux becs, par des conduits spéciaux, que la partie susceptible de produire la lumière, c'est-à-dire le gaz.

Le gaz n'est donc, à vrai dire, que la forme à laquelle tous les combustibles sont réduits pour engendrer la lumière artificielle ; une conséquence de ce principe est que la composition du gaz, sa pesanteur, sa densité, son pouvoir éclairant, ses propriétés, varient essentiellement suivant la nature du combustible dont il est extrait.

Avant de passer à l'analyse de la composition du gaz d'éclairage obtenu de la houille, puisque c'est celui dont l'emploi est aujourd'hui le plus général, disons un mot du procédé de distillation ordinairement en usage ; aussi bien ce procédé varie peu quelles que soient les matières employées.

La distillation de la houille s'opère dans des vases clos, en fonte de fer ou en terre réfractaire, que l'on nomme *cornues*, et qui sont préalablement chauffés au rouge cerise, c'est-à-dire élevés à une température moyenne de 900 à 1,000 degrés.

La houille introduite avec vivacité dans les cornues incandescentes dont on clôt hermétiquement l'ouverture, se décompose sous l'action de la chaleur, produit des gaz et des vapeurs, et ne laisse dans la cornue après l'opération qu'un charbon presque épuisé auquel on a donné le nom de *coke*.

Les gaz et les vapeurs s'échappent ensemble par un tuyau qui prend naissance au-dessus de la tête de la cornue, et se rendent dans un appareil horizontal contenant de l'eau et que l'on nomme *barillet*; là, forcés de traverser une couche d'eau de 3 ou 4 centimètres, parce que le tuyau qui les amène plonge dans l'eau du barillet, et que le dégagement incessant de gaz et de vapeurs qui se produit dans la cornue leur donne une impulsion suffisante, ils subissent un premier lavage dont l'effet est de séparer en partie les gaz des vapeurs d'eau et de goudron.

Après cette première opération, les gaz, moins chargés de vapeurs, se rendent dans un second appareil nommé *réfrigérant* ou *condensateur*. Ces mots indiquent assez la nature du traitement qu'ils y subissent. Refroidis par un long parcours habilement ménagé dans un appareil qui n'occupe en réalité qu'un espace fort restreint, mais que son exposition à l'air ou son immersion dans une eau fréquemment renouvelée entretient à un degré de fraîcheur salutaire, ils abandonnent la plus grande partie des eaux et des goudrons qu'ils entraînaient, et ce par la condensation des vapeurs au contact des surfaces froides de l'appareil.

Du *réfrigérant* le gaz va subir dans le *laveur* une opération qui a pour but de le dépouiller de l'ammoniaque qu'il contient, puis il se rend dans les *épurateurs*. Là, passant au travers de plusieurs couches étagées de chaux grasse éteinte, il subit sa dernière épuration en se dégageant, sous l'action de la chaux, des gaz sulfhydrique et acide carbonique dont il est chargé.

Au sortir de *l'épurateur*, comme il est à peu près dégagé de toutes les impuretés qu'il contenait, il est conduit dans le *gazomètre*, où il attend le moment de l'éclairage. Que le lecteur ne s'étonne pas si nous disons que le gaz de houille livré à la consommation est à peu près pur ; il va voir par les explications suivantes que la houille contient des gaz impurs qui ont résisté jusqu'à présent à toute tentative d'épuration, mais qui du reste ne constituent point un danger. D'autres matières premières, telles que les huiles, les graisses, la résine, le boghead, sont exemptes de ces impuretés ou ne les contiennent qu'à une bien plus faible proportion.

Les corps simples qui entrent dans la constitution de la houille sont : le *carbone*, l'*hydrogène*, l'*oxygène*, et l'*azote*. Sous l'action de la chaleur nécessaire à la distillation, chacun de ces éléments se sépare ; mais au même moment ils se combinent dans de différentes proportions, soit entre eux, soit avec des impuretés contenues dans la houille, et forment des corps composés qui sont entraînés avec les autres produits de l'opération. Ces corps composés sont : l'*hydrogène carboné*, l'*hydrogène percarboné*, l'*hydrogène sulfuré*, l'*oxyde de carbone*, l'*acide carbonique*, le *sulfure de carbone*, l'*ammoniaque* et le *cyanogène*.

De ces différents gaz plusieurs sont inflammables, ce sont : l'*hydrogène*, l'*hydrogène carboné*, l'*hydrogène percarboné*, l'*hydrogène sulfuré*, l'*oxyde de carbone*, le *sulfure de carbone* et le *cyanogène*.

D'autres sont incombustibles ; ce sont les gaz *oxygène*, *acide carbonique*, *azote* et *ammoniaque*.

Enfin quelques-uns sont pernicieux, et doivent être autant que possible séparés par l'épuration. De ce nombre sont : l'*azote*, l'*oxyde de carbone*, l'*hydrogène sulfuré*, l'*ammoniaque*, le *cyanogène*, le *sulfure de carbone* et l'*acide carbonique*.

Nous allons expliquer à nos lecteurs la nature de chacun de ces gaz ; nous leur demandons l'attention la plus grande, forcé que nous sommes d'employer contre notre volonté des noms avec lesquels ils ne sont point familiarisés.

Le **carbone** est un corps simple dont l'aspect varie de l'éclat et de la transparence du diamant à la noire opacité du charbon. Comme il est infusible et ne peut être volatilisé, il n'existe dans le gaz qu'à l'état de mélange avec l'hydrogène suivant des proportions variables. Son union avec ce gaz produit ce que l'on appelle des *carbures d'hydrogène* ou *hydrocarbures*.

L'**hydrogène**, qui tire son nom de l'eau, dont il fait en poids la neuvième partie et les deux tiers en volume, est le plus léger de tous les gaz ; il est environ quatorze fois et demi plus léger que l'air. Sa densité spécifique est 0,0688, celle de l'air étant représentée par 1,0000, et un litre de ce gaz ne pèse que 0gr.,0894. Il résulte de cette légèreté que des récipients reconnus parfaitement étanches à l'air et aux autres gaz, c'est-à-dire pouvant les contenir sans fuites, sont souvent incapables de retenir l'hydrogène pur. Non enflammé, il éteint tous les corps en combustion, mais au contact de l'air il brûle en produisant une flamme sans éclat, assez semblable à celle du punch ; il développe alors une chaleur fort intense, plus intense même, à poids égal, que celle d'aucun combustible. En brûlant il dégage une grande quantité d'eau. Sa puissance calorifique est évaluée, suivant Dulong, à 34600 calories (1), et, d'après d'autres physiciens, à 34742. Lorsque ce gaz est pur, il est complétement incolore, sans saveur et sans odeur, de sorte qu'en cas de l'existence de fuites, rien n'avertit de son effusion dans l'atmosphère avec lequel il peut très-bien former un mélange détonnant, et ne révèler

(1) On entend par *calorie* la quantité de chaleur nécessaire pour élever d'un degré la température d'un kilogramme d'eau.

sa présence que, comme la foudre, par l'explosion. C'est au physicien Cavendish que l'on doit la découverte de ce gaz ; elle date de 1766.

L'**oxygène** a été rangé par nous dans la classe des gaz incombustibles : comme le carbone, il ne se trouve dans le gaz de houille qu'à l'état de mélange avec le carbone lui-même, et donne ainsi naissance à l'oxyde de carbone dont nous nous occuperons tout à l'heure.

Découvert en 1774 par Priestley, qui lui donna d'abord le nom d'*air déphlogestiqué*, ce gaz n'a ni couleur ni odeur, et il est plus lourd que l'air, sa densité comparée à celle de l'atmosphère étant de 1,1026. Un litre de ce gaz pèse 1gr.,4323. Tout combustible introduit dans l'oxygène y brûle avec une activité surprenante : le charbon s'y consume avec un éclat étincelant ; le phosphore y produit une lumière éblouissante ; le fer et l'acier eux-mêmes plongés rouges dans ce gaz y disparaissent en un clin d'œil. L'inhalation de l'oxygène pur précipiterait à un tel point la respiration humaine que la vie s'éteindrait en un instant ; ce qui serait loin de justifier le nom d'*air vital* qu'on lui a parfois donné. C'est à la présence de ce gaz que l'air doit la propriété d'activer et d'entretenir la combustion, et quoique incombustible, il peut toutefois devenir lumineux par une pression forte et subite.

L'**azote** ou **nitrogène** est en quelque sorte la contre-partie de l'oxygène ; au lieu d'activer la combustion, il éteint les corps en ignition. Plus léger que l'air atmosphérique, dont il fait partie dans la proportion de 79 sur 100, l'oxygène n'entrant que pour les 21 excédants dans la composition de l'air, il a pour densité spécifique 0,976, et, un litre de ce gaz pèse 1gr.,2675. Il n'est point respirable, et quoique ne contenant aucun principe délétère, il ne saurait entretetenir la vie sans le secours de l'oxygène.

On ne le rencontre point à l'état pur dans le gaz

d'éclairage, mais seulement mélangé à l'hydrogène et au carbone.

L'**hydrogène carboné** (demi-carboné, proto-carboné ou gaz des marais) est un mélange de 100 parties de vapeur de carbone et de 200 d'hydrogène pur, ce qui, soit dit en passant, prouve l'infériorité du gaz à l'eau par rapport au gaz de houille, puisqu'étant en quelque sorte composé d'hydrogène pur, il faut 2 mètres cubes de ce gaz pour faire un seul mètre d'hydrogène carboné.

Ce gaz est incolore, ne répand presque point d'odeur, n'attaque pas les couleurs végétales, et peut être respiré sans nuire à l'économie animale. Il est très-inflammable, et mis en contact avec un corps quelconque en combustion, il brûle avec une belle flamme jaune, bien supérieure en éclat à celle de l'hydrogène pur.

Comme l'indique le nom de *gaz des marais*, qu'on lui a quelquefois donné, il existe tout formé dans la nature ; on a constaté sa présence dans les marais, dans les fossés pleins d'eau croupie, enfin dans tous les endroits où les végétaux et leurs détritus entrent en putréfaction; il est alors mélangé avec de l'oxygène, de l'acide carbonique et de l'azote. C'est lui dont l'effusion abondante à l'intérieur des mines de houille produit le *feu grisou*, qui porte souvent la désolation parmi les mineurs. Mélangé à une quantité d'oxygène double de son volume, il fait explosion à l'approche d'une lumière. Sa combustion engendre de l'eau et de l'acide carbonique. Sa densité spécifique est environ de 0,5396; un litre de ce gaz pèse 0gr.,727; un kilogramme dégage, suivant Dulong, 13205 calories.

L'**hydrogène percarboné** (hydrogène bicarboné ou gaz oléfiant), est un gaz que la nature ne produit point, et qu'on n'obtient qu'au moyen de la distillation de l'huile, de la résine, ou bien encore de la houille, quand elle est de qualité supérieure ou que l'opération est bien conduite. Il est formé de 2 atomes de carbone unis à 2 atomes d'hydrogène; en poids, il contient 85,7 de carbone et 14,3 d'hydrogène.

Le gaz oléfiant, contenant deux fois autant de carbone que l'hydrogène carboné, brûle avec un bien plus grand éclat et donne par conséquent une lumière d'une intensité bien supérieure due à l'incandescence des molécules de carbone. A l'état pur, il est incolore et à peine soluble dans l'eau.

L'hydrogène percarboné a la propriété d'éteindre les corps en combustion; mais au contact de l'air et d'un corps enflammé, il brûle avec une lumière blanche et intense. C'est la proportion dans laquelle il se trouve mêlé aux différents gaz qui composent le gaz d'éclairage qui détermine le pouvoir éclairant de ce dernier. Dans le gaz extrait des houilles riches de Newcastle, on a constaté qu'il n'y avait guère plus de 18 p. 100 d'hydrogène percarboné, et l'on estime que dans le gaz ordinaire que l'on tire des houilles de France et de Belgique, et dont la densité spécifique est ordinairement d'environ 0,450, le gaz oléfiant n'entre que dans la proportion de 4 à 5 p. 100 au plus.

Sa densité est de 0,978; un kilogramme développe 12032 calories; mélangé avec l'air, l'hydrogène ou le chlore, il détonne au contact d'un cops enflammé; en brûlant il produit de l'eau et de l'acide carbonique.

L'hydrogène sulfuré (acide hydrosulfurique ou sulfhydrique) est l'un des gaz les plus nuisibles que contienne le gaz de houille à l'état impur: aussi a-t-on cherché avec le plus grand soin à débarrasser le gaz de cette impureté pernicieuse.

Il résulte de la présence du soufre dans la houille, et provient d'un mélange par parties égales de soufre et d'hydrogène. Sa densité spécifique est plus élevée que celle de l'air; elle est de 1,178. Sa production a lieu en abondance principalement dans les premiers moments de la distillation de la houille, tandis que vers la fin de cette opération son dégagement est presque nul.

Il augmente le pouvoir éclairant du gaz; mais, en revanche, il produit en brûlant des gaz sulfureux dont la présence est si pernicieuse aux dorures et aux métaux, et irrite à un point extrême les organes de la respiration.

Ce gaz est incolore, d'un goût nauséabond et d'une odeur que l'on ne peut mieux comparer qu'à celle des œufs en putréfaction; son action est tellement délétère qu'une seule partie de ce gaz mélangée à 800 parties d'air suffit pour suffoquer et tuer instantanément un animal de la grosseur d'un chien.

Il est très-inflammable et brûle avec une flamme bleue qui répand une mauvaise odeur. Au moment de sa combustion, le soufre qu'il contient s'unit à une partie d'oxygène avec laquelle il forme de l'acide sulfureux qui ternit l'argenterie et exhale des odeurs suffocantes assez semblables à celle des allumettes. C'est à cette vertu de ternir les métaux que l'on doit les moyens de reconnaître la présence de ce gaz dans le gaz d'éclairage. Ainsi il suffit pour cela d'exposer à un courant de gaz non enflammé un morceau de papier trempé dans une solution d'acétate de plomb : si le gaz contient de l'hydrogène sulfuré, la surface du papier devient immédiatement noire par suite de la précipitation du plomb. Ce gaz possède en outre des propriétés acides, car il rougit le papier de tournesol.

Presque toutes les qualités de houille contiennent du soufre, le plus souvent mélangé avec du fer sous forme de sulfures ou de pyrites. Pendant la distillation les sulfures se décomposent, le soufre se dégage en vapeur, se mélange à l'hydrogène et produit l'hydrogène sulfuré.

On estime que la plus grande partie de ce gaz ainsi composé reste dans le réfrigérant avec les eaux ammoniacales, néanmoins le gaz en conserve une quantité assez considérable pour rendre la purification, au moyen de la chaux, absolument nécessaire. On emploie à cet effet avec le plus grand succès la chaux grasse éteinte, et lorsque l'on veut se servir de chaux sèche, il faut avoir soin de la mettre en excès, parce que, dans cet état, elle cesse d'absorber l'hydrogène sulfuré longtemps avant d'en être saturée. On prétend que l'on augmente l'action de la chaux par l'addition d'hydrosulfate de soude qui a pour effet de permettre à la chaux d'absorber deux fois son volume d'hydrogène sulfuré. D'autres chimistes ont proposé l'usage d'une solution de sulfate de plomb, ce qui n'empêche pas de faire passer le gaz dans les épurateurs à la chaux pour le débarrasser, comme nous le verrons tout à l'heure, des autres produits nuisibles qu'il contient.

Nos lecteurs nous pardonneront de nous être étendu sur les procédés au moyen desquels on débarrasse le gaz de l'hydrogène sulfuré; notre but a été de leur faire comprendre que tous les efforts des hommes spéciaux ont eu pour objet d'isoler entièrement ce gaz, problème que du reste ils ont résolu avec bonheur et succès.

Le **sulfure de carbone** est encore une impureté contenue dans le gaz de houille; son odeur est assez semblable à celle de l'hydrogène sulfuré, mais jusqu'à présent toute tentative ayant pour but de dégager le gaz de cette impureté a complétement échoué, soit que les moyens de la décomposer aient échappé aux recherches, soit que l'opération fût trop coûteuse, soit enfin qu'en cherchant à séparer le sulfure de carbone on ait en même temps décomposé les autres gaz qui font la richesse des gaz d'éclairage, à savoir : l'hydrogène carboné et percarboné.

Du reste la présence de cette impureté ne se révèle que dans des proportions infiniment minimes ; c'est sans doute à elle que l'on doit l'apparence livide de la flamme de certains gaz.

Il se compose de 2 atômes de soufre et 1 de carbone ; parfois il produit un bisulfure de carbone, espèce de liquide transparent et incolore.

L'**oxyde de carbone** est un gaz combustible produisant une belle flamme bleue; il est incolore et sans odeur. Répandu dans l'atmosphère sans être enflammé, il suffirait d'un mélange d'une partie de ce gaz avec 99 d'air, pour produire l'asphyxie ; en cet état c'est donc une impureté ; mais comme, à la combustion, il se change en acide carbonique, tout danger disparaît. Sa densité spécifique est de 0,9569, un litre de ce gaz pèse 1gr.,2431 ; il dégage en brûlant 2488 calories.

L'**acide carbonique** n'est pas un gaz combustible; il est composé de 2 équivalents d'oxygène et d'un de carbone; en poids les proportions sont : 72.73 pour 100 d'oxygène, et 27.27 pour 100 de carbone. Sa densité est de 1.5245; un litre de gaz pèse 1gr,9805.

Le gaz acide carbonique n'a point de couleur, et quoique possédant une odeur agréable et un certain goût piquant et acidulé, on ne peut impunément le respirer pendant un certain temps, car il produirait rapidement la suffocation et l'insensibilité. Il est le produit d'opérations naturelles telles que la fermentation de la bière, du champagne, etc.; c'est au moyen de ce gaz que l'on fabrique les eaux de Seltz. Il se forme surtout dans les derniers moments de la distillation de la houille.

Non-seulement il est, avons-nous dit, incombustible, mais encore il éteint instantanément toute flamme brûlant dans trois fois son volume d'air. On a tenté de se servir de cette propriété pour éteindre les incendies au moyen de récipients remplis d'acide carbonique dont on projetait le contenu au plus ardent du foyer. Sous ce rapport, il constitue une impureté dans le gaz, car il nuit essentiellement à l'émission du pouvoir éclairant en détruisant la combustion, et dès lors on doit chercher à le séparer entièrement.

Cette opération s'effectue au moyen de la chaux des épurateurs, et l'on reconnaît que le dépouillement est complet en présentant à un courant de gaz non enflammé un morceau humide de papier bleu de tournesol; si le gaz contient encore de l'acide carbonique, la couleur bleue du papier tourne immédiatement au rouge.

Il est d'autant plus important de faire disparaître l'acide carbonique, que si l'on veut se rendre compte, par la densité, de la faiblesse du pouvoir éclairant du gaz, la pesanteur spécifique de cet acide peut induire dans de graves erreurs sur la qualité du gaz en accusant une densité plus que suffisante.

L'**ammoniaque** ou *azoture d'hydrogène* est un produit de l'union de l'hydrogène avec l'azote contenu dans la houille ou toute autre substance organique. Pour former l'ammoniaque il faut un atome d'azote et 3 d'hydrogène. La densité de ce gaz est de 0,5967; un litre pèse $0^{gr},7752$.

L'ammoniaque est incolore et très-âcre; il agit avec une grande énergie sur les membranes muqueuses du nez, des yeux et de la gorge. Son odeur agit sur les organes respiratoires et provoque les larmes; à ce titre il constitue une impureté; mais sa séparation du gaz d'éclairage s'opère pour ainsi dire toute seule par la seule différence de sa densité avec celle de l'eau, qui a la propriété d'en dissoudre cinq cents fois son poids. L'ammoniaque est donc successivement abandonné par le parcours du gaz dans le barillet, le réfrigérant, et en dernier lieu dans le laveur. On reconnaît que le gaz ne contient plus d'ammoniaque en présentant à un courant de gaz non enflammé un morceau humide de papier rouge de tournesol, qui sous l'action de l'ammoniaque deviendrait immédiatement bleu.

Enfin le **cyanogène** est le résultat de l'union de l'azote avec le carbone; c'est un gaz inflammable, qui brûle avec une belle flamme pourpre, produit à la combustion de l'acide carbonique et de l'azote, et constitue une impureté qui disparaît à l'épuration ordinaire. Sa densité spécifique est de 1,8064 ; un litre de ce gaz pèse 2gr,3467. Comme nous le verrons par la suite, on extrait de ce gaz des produits dont l'importance augmente chaque jour.

Maintenant que le lecteur nous a suivi avec attention dans la description des qualités et des défauts des différents gaz qui entrent dans la composition du gaz d'éclairage, il sait comme nous que ce dernier doit contenir :

De l'hydrogène,
De l'hydrogène carboné,
De l'hydrogène percarboné ;
Que l'on ne peut éviter qu'il s'y trouve,
De l'oxyde de carbone,
Du sulfure de carbone ;
Mais qu'il doit être entièrement dégagé,
De l'hydrogène sulfuré,
De l'acide carbonique,
De l'ammoniaque,
Et du cyanogène.

Examinons maintenant dans quelles proportions ces divers gaz se trouvent dans les gaz d'éclairage livrés chaque jour à la consommation.

Il est assez difficile d'établir d'une manière générale les proportions dans lesquelles les différents gaz énumérés par nous se trouvent dans la composition du gaz ordinaire d'éclairage, et la raison en est dans les variations mêmes de la qualité des houilles soumises à la distillation, ainsi que dans la manière dont cette dernière opération aura été conduite.

Evidemment toutes les houilles ne sont pas identiques ; elles diffèrent par les quantités de carbone qu'elles contiennent, les matières volatiles et bitumineuses qu'elles renferment, les proportions d'eau et de cendres qu'elles donnent comme résidus.

Lorsque les matières volatiles et bitumineuses y sont en proportions minimes, le gaz est nécessairement pauvre en pouvoir éclairant ; tandis que si elles s'y trouvent en abondance, il est plus riche en intensité lumineuse.

Outre cette influence qu'exerce sur la qualité de la lumière la constitution de la houille, le procédé de distillation en exerce aussi une très-importante sur la composition du gaz ; ainsi nous avons vu que le gaz acide carbonique se formait surtout dans les derniers moments de la distillation ; or, le gaz acide carbonique, que nous savons être incombustible de sa nature, étant alors obligé de se frayer un passage à travers la masse de coke incandescent qui s'est formée dans la cornue, se combine avec une certaine portion de coke, et se change en oxyde de carbone. Il en résulte que ce qui n'aurait été qu'une impureté facile à détruire par l'épuration, devient un vice radical dans le gaz d'éclairage. De plus, si la distillation est prolongée au delà du terme ordinaire, qui est de quatre heures, on ne produit plus à peu près que du gaz hydrogène pur, gaz doué, comme on l'a vu, de fort peu de pouvoir éclairant.

On ne peut donc déterminer d'une manière exacte les proportions du mélange des différents gaz qui composent le gaz de houille livré à la consommation publique ; cependant nous pouvons dire que l'élément éclairant par excellence, l'hydrogène percarboné ou gaz oléfiant s'y trouve dans la proportion de 5 à 8 0/0, qu'il y a également de 10 à 13 0/0 d'oxyde de carbone, et que tout le reste est de l'hydrogène bicarboné, de l'hydrogène pur et des vapeurs d'hydrocarbures produites par l'union, dans le cours de la distillation, de l'hydrogène avec le carbone, et dont l'effet est d'augmenter l'intensité lumineuse ; le tout, mélangé de quelques parties de sulfure de carbone, en petit nombre sans doute, mais suffisantes pour donner au gaz une odeur caractéristique, et chargé encore d'un peu d'hydrogène sulfuré et d'acide carbonique échappé à une épuration incomplète.

Le gaz portatif est formé à peu près des mêmes éléments qui constituent le gaz de houille, mais dans des proportions bien différentes, ainsi que nous allons l'expliquer. La matière première dont on l'extrait n'est point un charbon comme la houille ; c'est une espèce d'argile bitumineuse, noire, schistoïde, que l'on désigne en minéralogie sous le nom d'*argile ampélite*, et dont on n'a jusqu'à présent découvert de gisement qu'en Ecosse, où on lui a donné le nom de *Boghead cannel coal ;* en français, charbon-chandelle de boghead. Cette argile en effet, qui a tout l'aspect, toute l'apparence de l'ardoise, contient tant de matières bitumineuses qu'en la mettant en contact avec une lumière quelconque, elle prend feu et brûle en produisant une flamme rougeâtre très-intense.

La constitution du boghead est celle-ci :

Carbone	5.88
Bitume et matières volatiles	64.65
Cendres	27.78
Eau	1.33
Soufre	0.16
	100

Tandis que dans la houille ordinaire, le carbone varie de 45 à 65 0/0, les cendres de 1 à 4 0/0, l'eau de 6 à 7 0/0, le soufre de 3 à 5 0/0 environ, le reste étant du bitume et des matières volatiles.

La distillation du boghead se fait par petites charges

de 30 kilogrammes, et ne dure qu'une heure. Comme il ne donne pas de coke pour résidu, mais bien une sorte de petite pierre grisâtre et feuilletée qui à la moindre pression se réduit en poussière blanche en grande partie composée d'alumine, il en résulte que le gaz acide carbonique qui se dégage pendant les derniers moments de la distillation, n'ayant point à traverser une masse de coke incandescente, ne produit que fort peu d'oxyde de carbone, et que dès lors l'acide carbonique peut se séparer entièrement par la voie de l'épuration ; en outre, la proportion infiniment minime de soufre qui existe dans la constitution du boghead, comparativement à celle que l'on trouve dans la houille, rend d'autant plus facile l'épuration complète du gaz ; cependant le sulfure de carbone y est encore en assez grande quantité pour que l'odeur du gaz portatif soit plus prononcée encore que celle du gaz courant. En soumettant ce gaz à un lavage préalable, il est probable que cette impureté disparaîtrait en grande partie ; mais on pourrait craindre que ce lavage ne nuisît à la qualité éclairante du gaz, aussi vaut-il peut-être mieux lui laisser son odeur, qui, du reste, ne se fait sentir qu'en cas de fuite.

De ces données diverses il résulte que la composition du gaz portatif renferme à peu près les mêmes éléments que le gaz courant, mais dans des proportions autres. Ainsi l'on y trouve de 20 à 25 0/0, et même davantage, d'hydrogène percarboné ou gaz oléfiant ; l'hydrogène carboné et les vapeurs d'hydrocarbures y entrent pour plus de 50 0/0 ; il y a fort peu d'hydrogène pur, et de 3 à 4 0/0 au plus d'oxyde de carbone. Quant à l'acide carbonique et à l'hydrogène sulfuré, la facilité de l'épuration permet qu'il n'y ait plus dans le gaz de traces de leur présence ; la seule impureté est donc le sulfure de carbone.

CHAPITRE DEUXIÈME.

DES DIVERS PRODUITS DE LA DISTILLATION DE LA HOUILLE ET DU BOGHEAD.

Le gaz d'éclairage n'est pas le seul produit utile que l'on retire de la distillation des matières premières. Il en est d'autres, susceptibles d'applications assez nombreuses et assez rémunératrices pour constituer, en quelque sorte, une industrie greffée sur l'industrie du gaz, et qui consiste à fabriquer avec les résidus de la distillation des produits chimiques fort recherchés.

Au premier abord il peut paraître superflu pour nos lecteurs de connaître quels avantages l'on doit retirer de cette fabrication, entièrement étrangère à la question quant à la nature même des produits; mais en réfléchissant que cette industrie accessoire est une source féconde de bénéfices qui doivent nécessairement influer sur le prix de la lumière, on s'y intéresse davantage; à ce titre nous comptons donc sur l'attention de nos lecteurs.

Habituellement 100 kilogrammes de houille ordinaire à gaz produisent :

25 mètres cubes de gaz.
1 hectolitre 40 de coke.
6 ou 7 litres de goudron.
6 ou 8 litres d'eau ammonicale.

La bonne houille anglaise ou belge peut donner jusqu'à 32 ou 33 mètres cubes de gaz et 1 hectolitre 60 de coke.

100 kilogrammes de boghead donnent un rendement de :

35 à 40 mètres cubes de gaz.
25 litres de goudron.
Autant à peu près d'eau ammonicale.

Quant au coke, le boghead n'en produit point ; il ne laisse, comme nous l'avons dit, qu'un résidu pulvérulent tout à fait impropre au chauffage, mais que l'on utilise cependant à la désinfection des matières fécales en ayant soin de l'étouffer au sortir de la cornue.

Chacun sait que le coke de houille se vend avec facilité pour le chauffage et à des prix assez élevés, si bien que le coke paie à très-peu de chose près la houille employée à la fabrication du gaz, du moins dans les usines situées au milieu des grands centres de population ou d'industrie privés de combustibles à bon marché. Dans la généralité des usines de province, il est au contraire d'une défaite difficile, si ce n'est à bas prix ; il ne constitue alors qu'un revenu modique.

De nombreuses tentatives ont eu pour but de le rendre propre aux usages métallurgiques et au chauffage des locomotives, emplois qu'il ne peut remplir dans les conditions de densité où il se trouve habituellement au sortir des cornues dans lesquelles s'opère la distillation. Lorsque le succès aura entièrement couronné les efforts des inventeurs à ce sujet, la valeur du coke sera presque triplée, et il sera d'un écoulement certain.

L'eau ammoniacale est susceptible de quelques applications avantageuses lorsqu'elle est traitée en grand ; on en extrait sous forme de sulfate ou de carbonate d'ammoniaque, suivant la nature des procédés employés, du sel ammoniac fort recherché du commerce. Les petites usines qui n'en produisent pas des quantités suffisantes pour que cette conversion couvre avec bénéfice les frais de main-d'œuvre qu'elle nécessite, trouvent à la vendre pour les besoins de l'agriculture.

Cette eau jouit en effet d'une grande vertu fertilisante, l'azote qu'elle contient étant le gaz nécessaire aux plantes ; seulement on ne peut l'employer telle qu'elle est livrée par les usines : elle serait trop forte, car elle indique généralement 2 degrés. On est donc obligé de la couper avec de l'eau ordinaire, et on la répand en pluie sur les terrains que l'on veut fertiliser. En Angleterre, l'usage de l'eau ammoniacale est très répandu ; on la mêle aussi souvent aux fumiers et aux engrais, auxquels elle donne une rare vigueur. En France, cette habitude commence à s'acclimater, du moins dans certaines contrées où l'esprit de progrès est plus vif, plus entreprenant; mais dans la plus grande partie du pays on méconnaît les propriétés de l'eau ammoniacale, et mainte usine est encore aujourd'hui forcée de faire écouler furtivement dans les ruisseaux ou les fossés de la route un sous-produit embarrassant qui devrait être pour elle une source de bénéfices; heureuse encore quand l'autorité, justement préoccupée de la santé publique et de l'hygiène des cours d'eau et des puits du voisinage, n'intervient pas par des interdictions, ou des procès-verbaux accompagnés du triste cortége des amendes ou des frais judiciaires.

De tous les sous-produits de la fabrication du gaz, le plus riche en applications utiles est sans contredit le goudron.

Le goudron, résidu noir, épais, visqueux, d'une odeur désagréable qu'il doit en partie à l'eau ammoniacale avec laquelle il est mélangé au sortir des appareils de condensation, peut s'employer tel qu'il est produit, ou après une distillation.

Tel qu'il est naturellement, on l'utilise comme peinture conservatrice, d'abord pour tous les appareils en fonte et en fer des usines à gaz, puis pour les charpentes, toitures, bateaux, etc. Un jardinier s'en étant servi comme couleur noire absorbante du calorique, et cela à l'intérieur d'une serre, vit émigrer tous les insectes nuisibles ; de là l'idée de l'appliquer à titre de préservatif sur les échalas, tuteurs et treillages, idée suivie de succès.

Après en avoir séparé l'eau ammoniacale par la décantation, on l'a employé à garnir l'extérieur des tuyaux en tôle destinés à la canalisation souterraine pour le gaz. Mis en ébullition, on y précipite les tuyaux de gaz en bois pour leur donner l'imperméabilité nécessaire.

Réduit à l'état de brai, on en confectionne des dallages en bitume, des trottoirs, des couvertures de hangars en carton ou toile préalablement et parfaitement imprégnée, des sols de cave, de terrasse, etc.

Mais toutes ces applications, si nombreuses qu'elles soient, ne sont rien cependant auprès des produits que l'on retire du goudron par la distillation. Par cette opération on obtient d'abord une huile volatile donnant 20 degrés environ au pèse-éther ; cette huile, mélangée avec 40 ou 50 0/0 d'alcool, après avoir été rectifiée et désinfectée en partie par des procédés particuliers, se vend dans le public sous le nom d'*huile-gaz*. En continuant à pousser plus avant la distillation, on produit ce que l'on appelle des huiles lourdes, marquant environ 14 degrés, noirâtres, et ne pouvant s'utiliser à l'éclairage particulier à cause de l'odeur et de la fumée qu'elles répandent, mais que l'on est parvenu cependant à brûler avec avantage dans les lanternes publiques au moyen d'appareils spéciaux.

Les huiles extraites du goudron servent encore au graissage des roues et des machines. En les volatilisant au delà de 20 degrés, on en retire des essences douées de qualités précieuses, telles que l'*eupione*, qui a la propriété de dissoudre le caoutchouc, les matières grasses, les résines et le camphre ; la *benzine* ou *benzole*, que Collas a appliquée avec tant de succès au nettoiement des étoffes les plus délicates, des gants, des gravures, etc., si bien que de nombreuses imitations n'ont pas tardé à se produire sous le nom de carburine, benzine odorante et autres; la *créosote*, remarquable par sa vertu particulière de cicatriser instantanément les blessures faites par incision et de cautériser les nerfs dentaires ; enfin une foule d'autres produits chimiques dont on a, jusqn'à ce jour, tiré peu de parti parce qu'il faut opérer sur de grandes quantités, et que les procédés ne sont pas encore assez rémunérateurs.

Le goudron contient en outre de la *naphtaline*, au moyen de laquelle on préserve les bois contre l'humidité, ce qui a bien son prix pour les traverses de nos chemins de fer; de la *paraffine*, dont on fait de magnifiques bougies d'une blancheur et d'une transparence dont les plus belles bougies de blanc de baleine ne peuvent approcher; des *huiles essentielles* propres à la peinture, etc., etc.

Nous ne taririons pas s'il nous fallait énumérer toutes les substances utiles que contiennent les sous-produits de la fabrication du gaz, sans compter encore celles qu'un de nos habiles chimistes, M. Chatelain, est en voie d'y découvrir, et que nous pouvons dire, sans indiscrétion, être des substances infiniment précieuses pour la teinture des étoffes, et obtenues par les procédés les plus simples.

Que nos lecteurs n'aillent pas croire cependant que toutes les usines à gaz manipulent leur goudron pour en tirer tout le profit possible ; il leur faudrait pour cela des laboratoires et des chimistes; loin de là, elles sont souvent embarrassées de ce produit abondant, qui est d'une défaite fort difficile malgré toutes les richesses qu'il renferme; de sorte que la plupart du temps elles l'utilisent au chauffage des fourneaux, soit directement à l'état liquide, soit en fabriquant des pains composés de poussier de coke, de goudron et d'un peu de chaux, et que l'on introduit à la pelle dans les foyers. Elles en font encore des agglomérés, espèce de charbon domestique dans le genre du charbon de Paris, ou bien elles l'emploient à augmenter la production du gaz en l'agglomérant avec des poussiers de houille, de la sciure de bois ou autres substances susceptibles de produire du gaz d'éclairage.

L'épuration à la chaux laisse encore un résidu d'une certaine valeur : c'est la chaux saturée des impuretés du gaz, qui est douée d'une grande puissance de fertilisation, et que l'on commence, dans certaines parties de la France, à employer comme engrais aux besoins de l'agriculture.

CHAPITRE TROISIÈME.

AVANTAGES DU GAZ SUR TOUS LES AUTRES SYSTÈMES D'ÉCLAIRAGE.

Nos lecteurs sont maintenant complétement édifiés sur la nature et la composition des gaz d'éclairage livrés chaque jour à la consommation publique. Nous aurions bien pu leur donner aussi quelques notions sur d'autres espèces de gaz, telles que le *gaz à l'eau*, procédé Gillard ; le *gaz à l'eau*, procédé Kirkham ; le *gaz à l'eau*, procédé Galy-Cazalat ; le *gaz de tourbe*, le *gaz au bois*, le *gaz de résine*, le *gaz d'huile*, le *gaz au marc de raisin* et *tutti quanti*, essais plus ou moins heureux de novateurs plus ou moins habiles ; mais en France, aucun de ces divers systèmes n'ayant pas été mis en usage avec un succès véritable, nous nous abstenons de les décrire dans ce traité élémentaire.

Après avoir appris comment se fait le gaz, et de quelles substances il est composé, nous avons à démontrer tous les avantages que l'on doit retirer de son emploi, et à indiquer les conditions dans lesquelles on peut utiliser sa lumière et sa chaleur le plus fructueusemeut possible.

Parlons d'abord de sa lumière. Il est incontestable que sous le rapport du pouvoir éclairant et du prix, le gaz de houille de bonne qualité l'emporte sur tous les autres modes d'éclairage. Prenons pour points de comparaison les chandelles, les bougies et les lampes, et pour types :

1° La chandelle de suif moulée de six au demi-kilogramme ;

2° La bougie de stéarine, dite de l'Étoile, pesant net 485 grammes le paquet de cinq bougies, soit 97 grammes l'une, et consommant à l'heure 9 gr. 33 de matières, d'après Péclet ;

3° La lampe à mécanisme d'horlogerie, dite lampe Carcel, brûlant 42 grammes d'huile épurée à l'heure.

Pour que nos calculs de comparaison puissent s'appliquer au plus grand nombre de villes de province, nous compterons le gaz à raison de 40 centimes le mètre cube. On comprend que si nous démontrons à ce prix-là une économie, les villes dans lesquelles le gaz se paie moins cher par suite d'approvisionnement de charbon plus facile, de canalisation mieux utilisée par un plus grand nombre de becs, ou enfin par tout autre motif, trouveront dans ce mode d'éclairage un avantage bien plus grand encore.

Quant au gaz portatif, on le paie 1 franc le mètre cube.

Un kilogramme d'huile carcel épurée coûte aujourd'hui 1 fr. 90 et dure environ 24 heures.

Un paquet de cinq bougies longues de l'Étoile vaut actuellement 1 fr. 80, et dure à peu près 52 heures.

Un demi-kilogramme de chandelles des six vaut

0 fr. 95, et dure 58 heures 45 minutes, à raison d'une consommation de 8 gr. 51 par heure.

Adoptant ces prix pour bases, nous obtiendrons pour prix d'une heure d'éclairage les résultats suivants :

	Fr. c.
La lampe Carcel coûtera pour une heure.	0,07,98
La bougie de l'Étoile..................	0,03,46
La chandelle des six....................	0,01,61
Un bec de gaz de houille à un seul jet dit *bec-bougie*, consommera 50 litres, soit.....	0,02,00
Un bec *papillon*, première série de ville, tarifé à 100 litres du même gaz...........	0,04,00
Un bec *papillon*, deuxième série de ville, de 140 litres du même gaz à l'heure.....	0,05,60
Un bec *papillon*, troisième série de ville, consommant 200 litres à l'heure..........	0,08,00
Un bec cylindrique à 20 jets, dit *bec d'Argand*, dépensera 120 litres................	0,04,80
Le bec type à deux trous, dit *manchester*, spécialement employé pour le gaz portatif, et dépensant 40 litres par heure..........	0,04,00

Si, maintenant, pour avoir exactement le prix, non pas de l'heure d'éclairage, mais de la quantité de lumière produite, nous comparons l'huile, la bougie et la chandelle à chacun des becs de gaz que nous venons d'énumérer, voici les résultats que nous obtiendrons.

1o La lumière du bec bougie, consommant 50 litres à l'heure, équivaut à celle de 3 bougies stéariques de l'Étoile, ou à celle de 4.02 chandelles des six, ou à 42.9 d'une lampe Carcel brûlant 42 grammes d'huile à l'heure et représentée par 100.

Donc, pour avoir une lumière équivalente à celle du gaz fournie au moyen d'un bec bougie et qui

coûte..................................	0 fr.	02 c.	00
Il faudrait dépenser en huile.......	0	03	42
— en bougies.....	0	10	38
— en chandelles...	0	06	47

2° La lumière du bec papillon de la première série dépensant 100 litres de gaz de houille à l'heure, équivaut à celle de 5.38 bougies stéariques, ou de 7.21 chandelles, ou de 77 d'une lampe Carcel.

Donc une lumière égale à celle du bec papillon première série, qui coûte au moyen du

gaz...............................	0 fr.	04 c.	00
coûtera avec de l'huile..............	0	06	14
avec des bougies.....................	0	18	61
avec des chandelles..................	0	11	60

3° Le bec papillon, deuxième série, qui consomme 140 litres de gaz à l'heure, donne une lumière égale en intensité à celle de 7.69 bougies, ou de 10.31 chandelles, ou de 110 d'une lampe Carcel; or, comme

avec le gaz cette lumière coûte......	0 fr.	05 c.	60
elle coûtera avec de l'huile...	0	08	77
avec des bougies.....................	0	26	60
avec des chandelles..................	0	16	59

4° L'intensité du bec papillon de la troisième série représente, pour une consommation de gaz de 200 litres à l'heure, la lumière de 12.02 bougies, ou de 16.12 chandelles, ou de 172 d'une lampe Carcel; il résulte de ces chiffres que pendant que les 200 li-

tres de gaz coûtent................ ..	0 fr.	08 c.	00
pareille lumière vaut en huile.......	0	13	72
en bougies...........................	0	41	58
en chandelles........................	0	25	95

5° Enfin, avec le bec cylindrique d'Argand dépensant 120 litres de gaz à l'heure, on obtient une intensité lumineuse égale à celle de 9.51 bougies, ou de 12.75 chandelles, ou de 136 d'une lampe Carcel; ce qui fait qu'une lumière semblable à celle du gaz

qui coûte avec le bec d'Argand.......	0 fr.	04 c.	80
vaudra en huile......................	0	10	85
en bougies....................	0	32	90
en chandelles........................	0	20	52

De ces divers calculs il résulte évidemment que

l'emploi du gaz de houille comme agent de lumière donne une économie toujours sensible, parfois considérable, sur les autres natures d'éclairage.

Pour compléter les renseignements et satisfaire la curiosité de nos lecteurs, il nous reste à comparer la lumière du gaz portatif avec celle des lampes, bougies et chandelles.

Le bec Manchester à deux trous, qui sert de type pour le gaz portatif, consomme à l'heure 40 litres de gaz, et représente en intensité lumineuse 143 d'une lampe Carcel, ou 10 bougies, ou 13.41 chandelles; or, pour avoir un pouvoir éclairant égal à celui de

ces 40 litres de gaz, qui coûtent.....	0 fr.	04 c.	00
il faut dépenser en huile............	0	11	41
— en bougies..........	0	34	60
— en chandelles........	0	21	59

Après de pareilles raisons d'économie qui militent en faveur de l'éclairage au gaz, faut-il encore arguer des raisons de propreté, de régularité de lumière, d'économie de temps, raisons qui ont bien aussi leur prix?

Sous le rapport de la propreté, quoi de plus propre que le gaz? Pas de taches à craindre, comme avec l'huile, le suif ou la bougie, pas de lampes renversées, pas de coulage de chandelles, point de fumée. Plus de linges malpropres pour le service des lampes, plus de mouchettes noircies à vider et à nettoyer.

Quelle lumière est plus régulière que celle du gaz convenablement installé? Celle de la lampe est fort stable, sans doute, mais peu de personnes savent bien régler une lampe: ou elles donnent trop de mèche, et la lampe fume, ou elles en donnent trop peu, et la lumière est insuffisante; souvent c'est le coude de la cheminée qui est trop élevé: la lumière alors est est rouge, la lampe file et l'odeur vous prend à la gorge; souvent il est trop bas: alors la clarté éblouit les yeux, mais l'intensité diminue; puis il faut remonter les lampes au milieu de la soirée, ou bien la quantité d'huile est insuffisante, la mèche charbonne, etc., etc.

A coup sûr on ne vantera pas la bougie ou la chandelle pour la régularité de leur lumière. Il est avéré que si on laissait une chandelle sans la moucher pendant quarante minutes, elle perdrait 86 0/0 de son intensité, sans compter le sautillement continuel de la flamme, qui fatigue horriblement la vue, et ces énormes champignons qui se forment aux mèches, et que le vulgaire a nommés *voleurs*, sans doute à cause de la perte de lumière qu'ils occasionnent.

Quant à l'économie de temps, elle est aussi incontestable : avec le gaz, pas de lampe à préparer, pas d'huile à aller acheter dans une burette qu'il faut entretenir propre, pas de chandeliers ni de bobèches à nettoyer ; plus de temps perdu à attendre, après avoir monté la lampe modérateur, que l'huile arrive au bec. Au lieu de cela, une instantanéité étonnante tant à l'allumage qu'à l'extinction.

Et les chances d'incendie par un flambeau approché trop près des rideaux d'une fenêtre, ou par une flammèche échappée d'une chandelle, en passant d'une pièce à une autre, ou bien encore par une lumière renversée ou une mouchure mal éteinte !

Tandis qu'avec le gaz la lumière est constamment à vos ordres, fixe, invariable, intense.

On nous dira peut-être : Mais la danse du gaz !... mais les fuites !... mais l'odeur !... mais les explosions !...

Que nos lecteurs nous prêtent une attention constante ; ils verront, lorsque le moment de l'explication sera venu, que la danse du gaz n'est rien ; qu'il est facile d'éviter toute fuite et tout accident avec un peu de surveillance, moins qu'il n'en faut avec les lampes et les flambeaux, qui nécessitent à chaque instant des recommandations de toute espèce : *Tiens donc la chandelle droite ; — ne penche pas la lampe ; — tu vas faire casser le verre ; — prends garde d'éteindre la lampe en ouvrant brusquement la porte ou en te relevant avec vitesse; — mouche la chandelle, etc., etc.* Eternelles litanies des longues soirées d'hiver...

Pour ce qui est de l'odeur, il faut la subir, cela est vrai, si toutefois l'on n'a pas soin de tenir les becs fermés quand ils ne sont pas allumés et d'ouvrir la fenêtre un moment pour changer l'air. Mais il est infiniment facile de prendre cette précaution. Au reste, cette odeur que l'on reproche au gaz est elle-même en quelque sorte un bienfait. S'il était complétement inodore, qui nous avertirait des fuites?... A-t-on sérieusement réfléchi au nombre d'explosions que cette odeur a évitées? Si le gaz était inodore, il faudrait le rendre odorant. A cela on nous répondra qu'on pourrait choisir une odeur plus agréable... d'accord.

Quelques personnes adressent au gaz un étrange reproche : sa lumière répand trop de chaleur, disent-elles. Sans doute sa chaleur est forte au point que bien des magasins qui renferment un certain nombre de becs de gaz n'ont pas besoin de feu en hiver ; il est vrai que ce qui est un bienfait dans cette saison, est un supplice en été. Mais croit-on que si l'on remplaçait la lumière du gaz par celle du nombre de bougies qu'il faudrait allumer pour la remplacer, on n'obtiendrait pas une chaleur aussi forte? Ce reproche n'est donc pas raisonné : la chaleur est proportionnée à la lumière produite; diminuez l'intensité de celle-ci en changeant le bec, l'excès de chaleur disparaîtra naturellement.

Une objection en apparence plus sérieuse à l'emploi du gaz, est celle-ci : les becs, dit-on, sont placés à demeure, et dès lors si l'on a besoin de changer la lumière de place, on est forcé d'avoir recours aux anciens appareils d'éclairage qui ont le mérite d'être portatifs. A cela nous répondrons qu'on peut en toute facilité changer de place un bec de gaz tout allumé. N'a-t-on pas disposé à cet effet des genouillères simples, doubles ou triples, des chandeliers à gaz reliés au tuyau de conduite par des tubes de caoutchouc d'un mètre ou deux de longueur, de manière que la lumière puisse manœuvrer sur un espace de 2 à 4 mètres de diamètre ?

On ne saurait donc faire aucune objection sérieuse à l'emploi du gaz comme agent d'éclairage, par préférence sur tous les autres genres d'appareils connus ; sa supériorité sous tous les rapports est trop bien établie.

Nous aurions bien envie, lecteurs, de vous parler aussi de ses avantages comme agent de chaleur applicable à l'industrie et à l'économie domestique ; mais sous ce rapport vous paraissez avoir l'oreille dure.

En vrais Français, c'est-à-dire, en enfants gâtés de la nature, vous vous façonnez difficilement aux progrés de l'industrie. Vous voulez voir pour croire, mais vous vous gardez bien de faire un seul pas pour vous convaincre.

Cependant, pardonnez-nous d'insister sur ce point : dans un avenir très-prochain, l'industrie du gaz de chauffage prendra un tel développement que nous avons hâte de vous dire les avantages du gaz sous ce rapport.

Ces avantages, les voici en quelques mots :

Instantanéité de la lumière, par suite plus de perte de temps à allumer, plus de chaleur perdue pour attendre l'incandescence complète du fourneau ;

Egalité permanente de chaleur, ce qui évite les refroidissements forcés, causés par la combustion totale ou partielle du charbon qu'il faut remplacer par d'autre ;

Absence complète de fumée et d'odeur ; dès lors plus de cheminées vicieuses ;

Facilité de modérer, de diminuer ou d'augmenter instantanément l'intensité du calorique par l'ouverture ou la clôture du robinet ;

Enfin, *propreté parfaite* ; car, avec le gaz, plus de

cendres, plus de suie, plus de récipients abîmés à l'extérieur par les vapeurs ou les impuretés du charbon, plus de poêles à tuyaux noirs et disgracieux.

Croyez-vous que ce ne soit pas quelque chose que d'éviter dans les appartements l'odeur asphyxiante du charbon, la poussière, la fumée, le bruit d'un soufflet phtisique, le ramonage, les feux de cheminée, la chute des tisons sur les tapis de foyer, les étincelles et toutes les chances d'incendie possibles ? Ah ! si nos voisins d'outre-Manche sont plus industrieux que nous, ils entendent aussi bien mieux que nous le vrai confortable, et leurs appareils de cuisine, leurs cheminées et leurs poêles à gaz témoignent asassez de leurs progrès et de leur amour du bien-être.

Essayez, lecteurs, de quelqu'un de ces appareils, et une fois convaincu de leur utilité, vous n'en voudrez plus d'autres. Vous avez besoin de vous familiariser avec l'usage du gaz ; un défaut d'instruction vous le fait regarder plutôt comme une matière dangereuse que comme un objet d'utilité première. Quand vous l'aurez introduit dans vos foyers ; quand vous vous en servirez pour la préparation de vos aliments ; quand au moyen de la veilleuse à gaz, placée sans danger au chevet du malade, vous aurez préparé à toute heure de nuit la tisane ou la potion destinée à conserver la vie à un être qui vous sera cher, vous vous demanderez comment il peut se faire que l'on ait méconnu si longtemps les avantages du gaz et que l'on en ait profité si tard.

CHAPITRE QUATRIÈME.

FORMALITÉS À REMPLIR POUR L'ADOPTION DE L'ÉCLAIRAGE AU GAZ.

Bien que dans toutes les rues canalisées chacun soit libre d'adopter pour son service particulier l'éclairage et le chauffage par le gaz, cependant la nature même du gaz, la facilité avec laquelle des accidents pourraient arriver avec des branchements mal organisés, et de plus la nécessité d'agencer l'appareil de façon à éviter toute fraude de la part de l'une des deux parties contractantes, acheteur et vendeur, la livraison de la marchandise devant s'opérer au domicile même du consommateur qui l'emploie au fur et à mesure de la livraison, ont déterminé l'autorité à entourer l'installation des conduites du gaz de formalités sans lesquelles personne ne peut se servir de ce mode d'éclairage.

Cette précaution, on le comprend, est de la plus haute importance : aussi quand une fois l'on a résolu de s'éclairer au gaz, la première chose à faire est de s'instruire des obligations imposées par l'autorité ; en conséquence, nous allons commencer par faire connaître les ordonnances de police qui régissent l'emploi du gaz.

La première ordonnance dont doivent prendre connaissance nos lecteurs, date du 26 décembre 1846 ; les conventions nouvelles survenues depuis cette époque entre l'administration municipale et les Compagnies de gaz, la fusion de ces dernières en une seule Société, sous le titre de Compagnie parisienne, les prix nouveaux consentis, ont apporté quelques changements dans la rédaction des clauses, mais les bases posées par l'arrêté aux rapports établis entre les abonnés et la Compagnie restent les mêmes. Pour éloigner de l'esprit de nos lecteurs tout doute à cet égard, nous désignerons par un astérisque ceux des articles qui n'ont reçu aucune atteinte des faits postérieurs à l'arrêté

Ordonnance portant règlement sur la vente du gaz dans Paris.

Paris, le 26 décembre 1846.

Nous, pair de France, préfet de police,

Considérant que l'administration, en autorisant la pose des conduites pour l'éclairage au gaz sous le sol des voies publiques de la ville de Paris, n'a pas permis, dans l'intérêt de la libre circulation et du bon entretien du pavé, que les conduites de plus d'une Compagnie fussent établies dans la même rue ;

Considérant que le défaut de concurrence pouvant entraîner des inconvénients graves dans les services, soit public, soit particulier, de l'éclairage au gaz, il y avait lieu de soumettre les Compagnies à un règlement et même à un tarif;

Considérant qu'il a été satisfait à ces nécessités par le cahier des charges, approuvé par ordonnance royale du 13 décembre courant, et dont il importe d'assurer l'exécution ;

Vu : 1° le cahier des charges et l'ordonnance royale précités ;

2° Les lois des 16-24 août 1790 et des 19-22 juillet 1791 ;

3° L'arrêté du gouvernement du 12 messidor an VIII ;

ORDONNONS ce qui suit :

TITRE PREMIER.

Fourniture et nature de gaz. — Tuyaux de conduite.

ARTICLE PREMIER.

Les Compagnies d'éclairage par le gaz auxquelles des périmètres ont été concédés par la ville de Paris pour dix-sept années, qui commenceront le 1er janvier 1847, et finiront le 31 décembre 1863, fourniront le gaz pour l'éclairage des particuliers, pendant les dix-sept années de leur concession, conformément au cahier des charges ci-dessus visé, et aux prix et conditions ci-après.

ART. 2*.

L'éclairage sera fait par le gaz extrait de la houille. Les Compagnies ne pourront employer d'autre gaz sans le consentement formel et par écrit du préfet de police.

ART. 3*.

Le gaz sera complétement épuré; sa pureté sera constatée par les moyens qui seront prescrits par l'administration, le tout conformément aux dispositions de l'art. 23 de l'ordonnance royale du 27 janvier 1846.

ART. 4*.

Les Compagnies sont tenues de poser à leurs frais, sur notre réquisition et dans les limites du cahier des charges, des tuyaux de conduite sous les voies publiques de leurs périmètres respectifs où il n'en existerait pas.

ART. 5*.

Les dimensions des conduites et des branchements posés ou à poser, et la pression du gaz, devront, sur tous les points des périmètres, être combinées de telle sorte que chaque bec puisse recevoir la quantité de gaz nécessaire pour l'éclairage normal défini par l'art. 40 ci-après.

TITRE II.

Abonnements.

ART. 6*.

Chaque Compagnie sera tenue, dans sa circonscription et dans les localités où il existera des conduites, de fournir le gaz à toutes personnes qui auront contracté un abonnement de trois mois au moins, et qui se seront d'ailleurs conformées aux dispositions des règlements concernant la pose des appareils. Les polices en vertu desquelles seront souscrits les abonnements devront être conformes à un modèle approuvé par nous.

ART. 7*.

Les abonnements au bec pourront être faits pour tous les jours, sans exception, ou en exceptant les dimanches et fêtes.

ART. 8*.

Aucun abonnement ne pourra être refusé; mais les compagnies seront en droit d'exiger que le paiement s'en fasse par mois et d'avance.

ART. 9*.

Le gaz sera fourni, soit au compteur, soit au bec et à l'heure, à la volonté des abonnés.

TITRE III.

Compteurs.

ART. 10*.

Les compteurs seront à la charge des abonnés, qui auront la faculté de les faire établir et entretenir par des fournisseurs de leur choix.

ART. 11*.

Le système des compteurs sera approuvé par l'administration.

ART. 12*.

Toute personne qui sollicitera l'approbation d'un système de compteur, devra nous adresser une demande qui indiquera :

1° Si le système est ou non breveté ;

2° La dimension et le prix de vente pour les diverses dépenses du gaz ;

3° Les localités où les compteurs seront mis en expérience, et les lieux où ils pourront être examinés.

Un modèle des compteurs devra toujours être annexé aux demandes.

ART. 13*.

Les compteurs fabriqués suivant les systèmes approuvés par nous, ainsi qu'il est dit ci-dessus, ne pourront être employés qu'après avoir été vérifiés quant à leur exactitude et à la régularité de leur marche, et qu'après avoir été revêtus du poinçon de l'administration.

Les compteurs seront en outre soumis à toutes autres vérifications que nous jugerons utile de prescrire, sans préjudice de celle que les abonnés ou les Compagnies voudraient faire effectuer par les voies de droit.

ART. 14*.

Chaque Compagnie aura la faculté de choisir, pour le service de ses lignes, un système de compteur parmi ceux qui auront été approuvés par l'administration ; mais son choix ne pourra porter, à titre exclusif, sur un système de compteur dont la fabrication ne serait pas dans le domaine public.

ART. 15*.

Un modèle de chaque système de compteur, approuvé par l'administration, sera déposé à la préfecture de police.

ART. 16*.

Les abonnés au compteur auront la libre disposition du gaz qui aura passé par le compteur ; ils pourront distribuer le gaz comme bon leur semblera, soit à l'intérieur, soit à l'extérieur de leur domicile, sans que, dans le cas où le nombre de becs déclaré serait augmenté, il puisse en résulter aucune action contre les Compagnies, à raison de la faiblesse de l'éclairage.

TITRE IV.

Tarifs.

ART. 17.

A partir du 1er janvier 1847, le prix du gaz vendu au compteur sera de 0,49 centimes le mètre cube, avec diminution de 1 centime par année jusqu'à ce qu'il ait été réduit à 0,40 centimes.

ART. 18.

Les prix actuels de la vente du gaz, livré à l'heure et au moyen de becs cylindriques à double courant d'air, dits d'*Argand*, seront réduits annuellement, à partir du 1er janvier 1847, jusqu'à ce qu'ils soient descendus à 0,06 centimes par heure, pour les becs éteints à dix heures, et à 0,05 centimes 50 pour les becs éteints à onze heures et à minuit.

ART. 19.

En conséquence des dispositions des deux articles qui précèdent, les tarifs de la vente du gaz aux particuliers, soit au compteur, soit au bec, sont fixés, pour chacune des dix-sept années de la concession, conformément au tableau ci-après :

ANNÉES.	VENTE au compteur. — PRIX du mètre cube.		VENTE AU BEC ET A L'HEURE. Bec brûlant depuis la chute du jour jusqu'à 10 h. — Prix de l'heure.			Bec brûlant depuis la chute du jour jusqu'à 11 h. et minuit. — Prix de l'heure.		
	fr.	c.	fr	c.		fr.	c.	
1847	0	49	0	06	45	0	05	95
1848	0	48	0	06	40	0	05	90
1849	0	47	0	06	35	0	05	85
1850	0	46	0	06	30	0	05	80
1851	0	45	0	06	25	0	05	75
1852	0	44	0	06	20	0	05	70
1853	0	43	0	06	15	0	05	65
1854	0	42	0	06	10	0	05	60
1855	0	41	0	06	05	0	05	55
1856 et suivantes.	0	40	0	06	00	0	05	50

ART. 20*.

Les becs auxquels s'appliquent les tarifs ci-dessus seront percés de vingt trous du diamètre d'un tiers de millimètre chacun ; la hauteur de la flamme sera de 8 centimètres; celle du verre cheminée ne pourra excéder 20 centimètres.

La consommation de ces becs sera par heure de 120 litres en moyenne par bec.

ART. 21*.

Un modèle de becs, avec galerie, cheminée et autres accessoires, sera déposé à la préfecture de police.

ART. 22*.

Le prix de tout autre bec que celui qui est déterminé dans l'article précédent, ou d'un éclairage qui aurait lieu à des heures autres que celles ci-dessus, sera débattu de gré à gré entre les Compagnies et les abonnés.

Il en sera de même pour les becs cylindriques percés de 20 trous, qui seraient placés à l'extérieur (1).

ART. 23*.

Les abonnés ne pourront exiger d'éclairage, soit au compteur, soit au bec, que pendant le temps où les conduites des Compagnies seront en charge pour le service; les conditions des livraisons de gaz qui devraient avoir lieu en dehors de ce temps, seront réglées de gré à gré entre les Compagnies et les abonnés.

ART. 24*.

Les Compagnies concessionnaires seront tenues de faire jouir leurs abonnés, s'ils l'exigent, du prix du tarif ci-dessus et de tous les avantages résultant des autres conditions de la présente ordonnance. En conséquence, elles ne pourront se prévaloir contre eux

---

(1) C'est-à-dire sur la voie publique, dans les cours, jardins et autres localités *à ciel ouvert.*

des clauses des polices actuelles qui seraient contraires aux dispositions de ladite ordonnance.

ART. 25*.

Les Compagnies devront, pour tous les consommateurs qui le demanderont, convertir immédiatement les abonnements au bec en abonnements au compteur.

TITRE V.

Dispositions générales.

ART. 26*.

Les contraventions aux dispositions de la présente ordonnance seront constatées par procès-verbaux ou rapports, qui nous seront transmis, pour être déférés aux tribunaux compétents, sans préjudice des mesures de police administrative auxquels elles pourraient donner lieu.

ART. 27*.

La présente ordonnance sera imprimée et affichée.

Les commissaires de police, le chef de la police municipale, l'architecte-commissaire de la petite voirie, le directeur de la salubrité et de l'éclairage, les officiers de paix et autres préposés de l'administration sont chargés d'en surveiller et assurer l'exécution.

Le pair de France, préfet de police,

DELESSERT.

L'ordonnance que nos lecteurs vont lire aurait dû précéder celle du 26 décembre 1846, parce qu'elle remplace une ordonnance antérieure de 1842 ; mais comme elle porte la date de 1855, nous avons cru devoir la conserver au rang qu'elle occupe; elle complète les prescriptions de l'autorité relativement à l'installation du gaz à domicile.

ORDONNANCE

Concernant les Conduites et Appareils d'éclairage par le gaz dans l'intérieur des habitations.

Paris, 27 octobre 1855.

Nous, préfet de police,

Considérant que la mauvaise disposition des conduites et des appareils divers placés dans les localités éclairées par le gaz, et la négligence apportée dans les précautions que nécessite ce mode d'éclairage, occasionnent des accidents graves et compromettent la sûreté et la salubrité :

Considérant, en outre, que la recherche des fuites par le *flambage* est une cause fréquente de graves accidents, et qu'il est d'autant plus important de l'interdire, du moins dans la plupart des cas où il est employé, qu'il existe pour la recherche des fuites des moyens dont l'expérience a démontré les avantages, aux doubles points de vue de la salubrité et de la sûreté publique;

Vu : 1° les rapports du conseil d'hygiène publique et de salubrité du département de la Seine, et notamment ceux du 26 mai 1854 sur le nouveau mode de rechercher les fuites par la compression de l'air, et du 12 octobre 1855 ;

2° Les rapports de l'inspecteur général de la salubrité et de l'architecte-commissaire de la petite voirie ;

3° La loi des 16-24 août 1790;

4° Les arrêtés du gouvernement des 12 messidor an VIII et 3 brumaire an IX, et la loi du 10 juin 1853;

5° L'ordonnance de police du 31 mai 1842,

ORDONNONS ce qui suit ;

ARTICLE PREMIER.

Aucune localité ne pourra être éclairée par le gaz sans notre autorisation.

A cet effet, toute personne qui voudra placer chez elle des tuyaux de conduite et autres appareils pour l'éclairage au gaz, devra préalablement nous en faire la déclaration.

Cette déclaration devra indiquer le nom de l'entrepreneur chargé des travaux.

ART. 2.

L'autorisation d'éclairer ne sera donnée qu'après une visite qui fera connaître si les tuyaux de conduite et autres appareils sont établis conformément aux prescriptions de la présente ordonnance et *s'ils ne présentent pas de fuites*, après les expériences faites conformément aux prescriptions de l'art. 13 ci-après.

ART. 3.

Les compagnies ne pourront délivrer le gaz que sur la présentation qui leur sera faite de l'autorisation prescrite par l'art. 1er.

ART. 4.

Aucun robinet de branchement ne pourra être établi sous la voie publique sans une autorisation spéciale; les robinets devront toujours être placés dans les soubassements des maisons ou boutiques, ou dans l'épaisseur des murs.

Les robinets existants sous la voie publique seront supprimés aux frais de qui de droit, au fur et à mesure de la réfection des trottoirs ou du pavé.

ART. 5.

Le robinet extérieur sera renfermé dans un coffre disposé de manière que le gaz qui s'y introduirait ne pût se répandre dans les lieux éclairés ou dans les vides des devantures, et dût, au contraire, s'échapper forcément au dehors.

Ce coffre sera fermé par une porte en métal, dont la compagnie seule aura la clef.

Il est expressément défendu de toucher à la porte du coffre et à l'appareil qui y est renfermé, ces pièces devant être manœuvrées exclusivement par les agents de la compagnie qui fournit le gaz.

ART. 6.

Dans le cas où l'éclairage d'une localité serait suspendu, la porte du coffre sera recouverte d'une plaque en métal fixée avec vis, afin que l'agent de la compagnie ne puisse plus l'ouvrir.

ART. 7.

Le robinet extérieur sera pourvu d'un appendice disposé de telle sorte, ou construit de manière que le consommateur ne puisse point ouvrir ce robinet pour se donner le gaz, sans l'action préalable de la compagnie.

Un agent de la compagnie rendra ledit robinet libre à l'heure où l'éclairage doit commencer, et le fermera de nouveau à l'heure où l'éclairage doit cesser.

ART. 8.

Des doubles clefs du robinet et de la porte seront déposées chez les commissaires de police.

ART. 9.

Les tuyaux de conduite et autres appareils devront rester apparents dans tout leur développement.

Toutefois, si une conduite traverse en quelque sens que ce soit, un mur, un pan de bois, une cloison, un placard, un plancher ou un vide quelconque, elle sera placée dans toute la longueur de ce parcours, dans un tuyau ouvert à ses deux extrémités, ou au moins à l'extrémité la plus élevée.

Ce tuyau sera en métal, et au besoin parfaitement

soudé ; il dépassera au moins d'un centimètre le parement des murs, cloisons ou planchers dans lesquels il sera encastré. Son diamètre intérieur aura au moins un centimètre de plus que le diamètre extérieur de la conduite qui y sera renfermée.

ART. 10.

Les clefs de tous les robinets devront être disposées de manière à ne pouvoir être enlevées de leurs boisseaux, même par un violent effort.

ART. 11.

Les tuyaux de conduite et les fourreaux pour l'éclairage devront être en fer étiré ou forgé, en fonte, étain, plomb, ou cuivre et parfaitement ajustés.

ART. 12.

Les *montres* (c'est-à-dire les espaces fermés destinés à l'étalage des marchandises), dans lesquelles seront placés des appareils d'éclairage, devront toujours être bien ventilées.

ART. 13.

Il est défendu de rechercher les fuites par le *flambage*, excepté dans les lieux en plein air ou parfaitement ventilés.

Chaque entrepreneur d'éclairage par le gaz et chaque fabricant d'appareils devra avoir à sa diposition les appareils nécessaires pour rechercher les fuites, sans employer le flambage.

Ces instruments devront être préalablement approuvés par nous et être constamment en bon état.

Les appareils d'éclairage actuellement existants et ceux qui seront placés à l'avenir, devront, en outre, être munis des ajutages et raccords nécessaires pour que l'administration puisse à tout instant et sans aucun retard s'assurer que les appareils ne présentent pas de fuites.

ART. 14.

La compagnie qui aura reçu avis d'un accident, sera tenue d'envoyer immédiatement un agent sur les lieux.

ART. 15.

Les dispositions de la présente ordonnance sont applicables aux déplacements, réparations, changements, additions ou modifications dont les conduites ou appareils seraient l'objet.

ART. 16.

La présente ordonnance et l'instruction ci-annexée seront imprimées sur les polices d'abonnement d'éclairage au gaz délivrées par les compagnies.

ART. 17.

Les consommateurs sont personnellement responsables, sauf leur recours contre qui il appartiendra, de l'exécution des dispositions de la présente ordonnance concernant les appareils intérieurs.

ART. 18.

L'ordonnance de police du 31 mai 1842 est rapportée.

ART. 19.

Les contraventions aux dispositions de la présente ordonnance seront déférées aux tribunaux compétents, sans préjudice des mesures administratives auxquelles elles pourront donner lieu, notamment la suppression des branchements particuliers, lesquels, dans ce cas, ne pourront être rétablis que sur notre autorisation.

ART. 20.

Les sous-préfets des arrondissements de Sceaux et de Saint-Denis, les maires et les commissaires de police de la ville de Paris, le chef de la police municipale, les officiers de paix, l'inspecteur général de la salubrité et de l'éclairage, l'architecte commissaire de la petite voirie et les autres préposés de la préfecture de police, sont chargés, chacun en ce qui le concerne, de l'exécution de la présente ordonnance, qui sera imprimée et affichée dans l'étendue du ressort de notre préfecture.

Le Préfet de police,

PIETRI.

Par le Préfet :

Le Secrétaire général,

A. DE SAULXURES.

La lecture des deux ordonnances préfectorales dont nous avons donné connaissance à nos lecteurs, leur a fait connaître qu'il est nécessaire d'être autorisé spécialement par la préfecture de police pour jouir de l'éclairage et du chauffage par le gaz ; que la Compagnie ne peut se refuser à livrer le gaz à toute personne qui a contracté avec elle un engagement d'au moins trois mois, et qui s'est conformée de tous points aux règlements de police.

Une fois donc qu'un particulier sera déterminé à adopter l'éclairage par le gaz, il devra au préalable s'entendre avec un homme de l'art, un appareilleur, pour arrêter avec lui la disposition la meilleure à donner à son éclairage, suivant la distribution de la localité et sa destination. Le choix de l'appareilleur est pour le consommateur de très-haute importance ; nous lui dirons, lorsque nous serons arrivé au chapitre des appareils, quelles qualités il doit rechercher dans l'industriel chargé de l'installation du gaz à domicile.

Lorsque le nombre et la nature des brûleurs dont il devra faire emploi auront été bien déterminés, le consommateur aura à opter pour le mode de l'abonnement à contracter avec la Compagnie.

Il y a deux modes d'abonnements :

1° Au bec et à l'heure ;

2° Au compteur.

L'abonnement au bec et à l'heure a de nombreux inconvénients : aussi est-il en défaveur tant auprès des consommateurs qu'auprès de la Compagnie ; il n'y a guère qu'en province où ce mode d'abonnement soit encore en vigueur.

Les motifs de cette défaveur sont faciles à comprendre. D'abord l'abonné ne peut jouir de l'éclairage au gaz que pendant un nombre d'heures déterminé par soirée. Si le temps est couvert de bonne heure, il faut attendre le moment de l'ouverture du robinet ; puis, quand arrive celui de l'extinction, quelque besoin qu'il ait encore de la lumière du gaz, l'allumeur impitoyable le plonge dans les ténèbres.

Ensuite le consommateur ne peut faire aucune économie sur son éclairage : qu'il brûle le gaz ou qu'il n'allume pas ses becs, il lui faut toujours payer la même somme ; et cependant il est des soirées, des moments de chômage forcé où il pourrait réaliser quelques économies de luminaire.

De plus, s'il est consciencieux et rigide observateur des prescriptions de la Compagnie en ayant soin de régler convenablement la flamme de ses becs, les économies de gaz qu'il fait tournent au profit d'un voisin moins délicat qui, consommant également le gaz à l'heure, le fait brûler à plein bec ; il paie donc une partie du gaz que celui-ci consomme. Il lui faut en outre une sollicitude constante pour modérer les longues flammes causées par les variation de pression qu'éprouve le gaz à certaines heures de la soirée ; sans cela il peut être exposé aux observations des inspecteurs de la Compagnie, observations qui se traduisent parfois en procès-verbaux, c'est-à-dire en tracasseries dont le résultat peut amener une suspension d'éclairage, sinon une action judiciaire.

Enfin, et c'est là la raison principale qui fait généralement repousser le mode d'abonnement à l'heure, le prix de cet abonnement est calculé sur un taux plus élevé que celui du gaz livré au compteur, en prévision sans doute de la dépense exagérée à laquelle l'abonné à l'heure peut se livrer malgré la surveillance de la Compagnie ; de sorte que quelque soit le soin que le consommateur apporte à régler sa flamme, il n'en paie pas moins un surcroît de prix.

Quant au désavantage que trouvent les Compagnies à ce genre d'abonnement, il est tout entier dans les consommations exagérées que la surveillance la plus active ne parvient pas toujours à réprimer, surveillance qui exige des employés spéciaux.

Ainsi, d'un côté, l'abonnement à l'heure induit le consommateur dans une dépense plus grande, en même temps qu'il l'astreint à une régularité parfois incommode ; de l'autre, malgré le prix plus élevé de l'éclairage à l'heure, la Compagnie ne s'y retrouve pas toujours. On conçoit que ces motifs fassent généralement repousser ce mode d'abonnement.

Cependant, comme, pour s'éviter l'achat ou la location d'un compteur, le consommateur pourrait en définitive vouloir adopter ce genre d'abonnement, il faut qu'il sache bien qu'il peut s'abonner pour tous les jours de la semaine sans exception, ou pour six jours seulement, les dimanches et jours de fête exceptés ; que son éclairage quotidien peut, suivant ses conventions, durer de la chute du jour jusqu'à dix heures du soir, ou se prolonger jusqu'à onze heures ou minuit ; que les becs dont il devra faire usage devront être approuvés par la Compagnie, sans qu'il puisse en aucun cas les changer contre d'autres brûleurs qui lui paraîtraient devoir fournir une lumière plus avantageuse, à moins toutefois que la Compagnie ne consente à cette substitution ; enfin qu'il doit rigoureusement s'astreindre à toutes les prescriptions des ordonnances de police précitées relativement aux dimensions des becs, des cheminées et de la flamme des brûleurs cylindriques, dits becs d'Argand, si ce sont ceux dont il fait choix pour son éclairage.

L'abonnement au compteur est au contraire une garantie tant pour le consommateur que pour la Compagnie.

L'abonné ne paie que le gaz qu'il emploie, aux heures qui lui conviennent le mieux, et avec les brûleurs qui lui fournissent la lumière la plus avantageuse ; il en résulte qu'en cas de chômage il n'est point contraint à une dépense inutile ; toute économie lui profite ; il ne paie exactement que la quantité de gaz qu'il consomme, et ce, à un prix moindre que l'abonné à l'heure, car avec l'éclairage au compteur la Compagnie n'a point à craindre de pertes résultant de consommations exagérées. Il va sans dire que l'abonné au compteur, pour réaliser des économies dans son éclairage, doit veiller attentivement à ce que l'on ne dépense chez lui que la quantité de gaz nécessaire ; il donnera donc des ordres en conséquence, soit à ses employés, soit à ses domestiques, de manière à éviter un gaspillage toujours ruineux.

Ceci bien compris, lorsque le consommateur sera définitivement fixé sur le mode d'abonnement qu'il devra adopter, il ira aux bureaux de la Compagnie déclarer qu'il désire s'éclairer au gaz ; en conséquence, après avoir donné son nom et sa demeure, indiqué l'appareilleur dont il aura fait choix, le nombre et la nature des brûleurs qui lui seront nécessaires, et le mode d'abonnement ainsi que sa durée, il devra signer une police dont la rédaction est à l'avance approuvée par l'autorité, en vertu des articles spéciaux du cahier des charges.

Cette police, qui fixe d'une manière immuable, pendant toute la durée de l'abonnement, la position, les droits et les devoirs respectifs du consommateur et de la Compagnie, est conçue en ces termes :

COMPAGNIE PARISIENNE

D'ÉCLAIRAGE ET DE CHAUFFAGE PAR LE GAZ.

Conditions de l'abonnement à l'éclairage au compteur.

ARTICLE PREMIER.

La Compagnie fournit le gaz, à Paris et dans les localités où il existe des conduites, à toute personne qui aura contracté un abonnement de trois mois au moins et qui se sera, d'ailleurs, conformée aux dispositions des règlements concernant la pose des appareils, ainsi qu'aux stipulations de la présente police.

ART. 2.

La Compagnie conduit le gaz devant la demeure du consommateur, qui en prend livraison au moyen d'un branchement sur la conduite principale. Cet embranchement, les travaux et fournitures relatifs à l'appareil intérieur et extérieur, sont à la charge de l'abonné.

Les appareils intérieurs seront construits par des entrepreneurs choisis par l'abonné; dans aucun cas, la Compagnie ne pourra être rendue responsable de ces appareils, dont la conservation et l'entretien sont à la charge de l'abonné.

Le tuyau d'embranchement sera posé et entretenu par la Compagnie aux frais de l'abonné, qui pourra faire régler par architecte, dans la forme ordinaire, ces frais dont le montant sera payé à la Compagnie avant la mise en service de l'éclairage.

Le robinet extérieur, destiné à mettre le gaz en communication avec les appareils intérieurs, sera également fourni et posé par la Compagnie aux frais de l'abonné. La Compagnie restera chargée de l'entretien et du remplacement, en cas de besoin, dudit robinet et de sa porte moyennant 50 centimes par mois.

Le graissage du robinet aura lieu deux fois par mois au moins.

La Compagnie aura seule en sa possession la clef de la porte recouvrant ce robinet.

A l'expiration de l'abonnement, le tuyau extérieur d'embranchement pourra être coupé aux frais de l'abonné ; mais le préfet de police se réserve le droit de suspendre la mesure lorsque les réclamations des tiers lui paraîtront fondées.

ART. 5.

Le gaz sera livré au compteur.

En conséquence, l'abonné fera établir chez lui, à ses frais et par un fournisseur de son choix, un compteur de l'un des systèmes approuvés par l'administration.

Ce compteur sera proportionné à la consommation maximum de l'éclairage de l'abonné.

Il sera soumis, quant à son exactitude et à la régularité de sa marche, à toutes les vérifications que l'administration jugera utile de prescrire, sans préjudice de celles que l'abonné ou la Compagnie voudraient faire effectuer par les voies de droit. Il ne pourra être mis en service qu'après avoir été vérifié et poinçonné par l'administration.

L'entretien et la conservation du compteur sont à la charge de l'abonné.

Le compteur sera posé et maintenu par des vis ou scellements sur une plate-forme fixe parfaitement horizontale; ses raccords sur les tuyaux d'arrivée et de sortie du gaz, seront scellés du cachet de la Compagnie. Toute rupture des cachets, par le fait de l'abonné ou de ses agents, pourra donner lieu à une action en dommages-intérêts et à toutes poursuites de droit.

Il est formellement interdit à l'abonné d'apporter aucune modification ou détérioration dans le matériel du compteur et de ses accessoires.

L'abonné devra laisser un libre accès aux agents de la Compagnie dans l'endroit où sera posé le compteur. Tout refus à cet égard sera poursuivi par les voies de droit.

La Compagnie sera tenue de fournir en location des compteurs d'un système de son choix, et approuvé par l'administration, à tous ceux de ses abonnés qui lui en demanderont.

Le prix mensuel de location, fixé par le tableau ci-après, sera exigible en même temps que le prix du gaz.

CALIBRE du compteur.	PRIX MENSUEL de location.	CALIBRE du compteur.	PRIX MENSUEL de location.
3 becs	1 fr. 25 c.	60 becs	5 francs.
5 —	1 50	80 —	6 —
10 —	1 75	100 —	7 —
20 —	2 25	150 —	9 —
30 —	2 75	200 —	12 —
50 —	3 50	300 —	16 —

Moyennant cette rétribution, la Compagnie restera chargée de la pose, de l'entretien et des réparations du compteur. Toutefois, elle ne garantit dans aucun cas les effets de la gelée.

Art. 4.

L'abonné aura la libre disposition du gaz qui aura passé par le compteur; il pourra le distribuer comme bon lui semblera, soit à l'intérieur, soit à l'extérieur de son domicile; mais, dans le cas où le nombre de becs déclaré serait augmenté, il n'en pourra résulter aucune action contre la Compagnie à raison de la faiblesse de l'éclairage.

Tout acte qui aurait pour but d'obtenir le gaz sans le concours de la Compagnie, et en dehors des quantités passant par le compteur, sera poursuivi par toutes les voies de droit.

ART. 5.

L'abonné ne pourra exiger l'éclairage que pendant le temps où les conduites de la Compagnie seront en charge pour le service ordinaire. La mise en charge aura lieu 50 minutes avant l'heure de l'allumage public.

Les conditions de livraisons de gaz qui pourraient avoir lieu en dehors de ce temps, seront réglées de gré à gré entre la Compagnie et l'abonné. Toutefois, pendant la durée de l'éclairage et pendant toute la durée du jour, dans les localités désignées par le préfet de police, le gaz sera livré aux consommateurs au prix du tarif, conformément à l'article 13 du cahier des charges.

ART. 6.

A partir du 1er janvier 1856, le prix du gaz livré au compteur est fixé à centimes le mètre cube.

ART. 7.

Le prix de l'abonnement est payable par mois, et d'avance, au domicile éclairé ; en conséquence, il sera déposé par l'abonné, dans la caisse de la Compagnie, une somme de 7 fr. par bec existant sur ses appareils, comme représentant par approximation le prix du gaz consommé par un bec brûlant pendant un mois, à des extinctions diverses.

Le dépôt sera remboursé par la Compagnie à l'abonné, à l'expiration de l'abonnement, sous déduction de la valeur du gaz fourni par elle, et qui n'aurait pas été payé.

Le paiement des fournitures aura lieu sur présentation de la facture, après le relevé des consommations fait en présence de l'abonné, et consigné par la Compagnie sur un livre qui restera entre les mains de l'abonné. A défaut de paiement dans les cinq jours qui suivront la présentation de la facture, la Compagnie pourra refuser de continuer la fourniture du gaz, sous toutes réserves de poursuivre par les voies de droit l'exécution des présentes conventions.

L'abonné renonce à opposer à la demande de paiement toute réclamation sur la quotité des consommations constatées; en conséquence, le montant des factures sera toujours acquitté à présentation, sauf à la Compagnie à tenir compte à l'abonné, sur les paiements ultérieurs, de toute différence qui aurait eu lieu à son préjudice, si mieux n'aime l'abonné recevoir en espèces le montant des réclamations qui seraient reconnues fondées.

ART. 8.

Dans le cas où quelque accident de force majeure obligerait la Compagnie à interrompre momentanément l'éclairage, la Compagnie ne sera tenue à aucune indemnité autre que le remboursement du prix du gaz payé par avance, et qui n'aurait pas été fourni.

Sous les conditions ci-dessus, mutuellement acceptées, M... déclare à la Compagnie, qui l'accepte, contracter un abonnement de (durée de l'abonnement) *pour* (nombre de becs) *becs qui seront alimentés par un compteur de* (capacité du compteur) *becs.* (Indiquer si le compteur est en location.)

La Compagnie s'engage, de son côté, à mettre chaque jour le gaz à la disposition de M...

Fait double à Paris, le 18 .

La présente police, conforme au modèle approuvé aux termes de l'article 42 du cahier des charges, par décision de M. le préfet de police, en date du 21 juillet 1856.

Signature de l'abonné, Signature de la Compagnie,

Des différents articles de la police de la Compagnie parisienne, approuvée par l'autorité, il résulte donc que, pour jouir de l'éclairage au gaz, le particulier doit payer préalablement à la Compagnie le prix du branchement que celle-ci doit exécuter sur la conduite générale. Le versement de ce prix s'opère en signant la police, conformément à un tarif que nous ferons connaître au chapitre des branchements; il est bon, toutefois, de faire observer que ce dépôt n'entraîne pas, de la part du consommateur, un acquiescement forcé au tarif; mais qu'il n'en conserve pas moins le droit intégral de faire vérifier et régler par un architecte de son choix les frais faits à cet égard par la Compagnie.

Le consommateur conserve encore le droit, bien reconnu par les articles 2, 3 et 4 de la police, de choisir : 1° l'appareilleur qu'il chargera de l'installation intérieure de son éclairage; 2° le compteur qui devra mesurer le gaz livré à sa consommation, pourvu que ce compteur soit de l'un des systèmes adoptés par la préfecture de police et la Compagnie; 3° les brûleurs qui lui conviendront le mieux, le tout sans que les agents de la Compagnie aient en rien le droit d'influencer son choix.

Il est en outre prévenu que l'entretien du robinet extérieur est à sa charge, et que la vérification de son compteur ne peut être légalement faite qu'en sa présence par un agent de la Compagnie, ou que, si dans un cas spécial, il désire qu'une vérification en soit opérée, il peut choisir qui bon lui semble pour ce travail, mais en ayant soin de prévenir au préalable la Compagnie, pour qu'elle délègue un représentant chargé par elle d'assister à cette opération.

De plus, il est averti qu'il ne doit pas employer à son éclairage un nombre de brûleurs supérieur à celui que son compteur est destiné à alimenter, nombre qui, du reste, est toujours inscrit sur la plaque indiquant le nom et l'adresse du fabricant, ainsi que le numéro d'ordre du compteur. Dans le cas, cependant, où le nombre de ces brûleurs excéderait le chiffre des becs que doit régulièrement desservir le compteur, si la consommation totale de ces brûleurs était telle qu'elle n'excédât pas celle du nombre des becs pour le service desquels le compteur aurait été fabriqué, le consommateur, malgré les prescriptions de l'article 4 de la police, n'en conserverait pas moins intact son recours contre la Compagnie, en raison de la faiblesse et de l'impuissance de l'éclairage.

Il est bon encore que le consommateur sache bien que le paragraphe premier de l'art. 5 est aujourd'hui lettre morte, par suite de l'application du gaz au chauffage. Les gazomètres étant actuellement constamment en charge, l'abonné peut, à toute heure du jour ou de la nuit, recourir à l'éclairage au gaz.

La police de la Compagnie parisienne se tait entièrement sur les abonnements au bec et à l'heure, et cependant l'ordonnance précitée du 26 décembre 1846 porte formellement, art. 9, que le mode d'abonnement est facultatif; mais nous avons déjà démontré les motifs qui détournent l'administration de faire de semblables abonnements, et c'est là, sans aucun doute, qu'il faut voir la cause de cette sorte de lacune.

Comme il peut fréquemment arriver que quelques-uns de nos lecteurs veuillent profiter de l'économie qui résulte de la grande somme de pouvoir éclairant dont est doué le gaz portatif, nous nous empressons de mettre aussi sous leurs yeux le modèle de la police d'abonnement que cette Société propose à la signature de ses abonnés, en ayant soin de l'accompagner de réflexions sur les articles principaux, de manière à en faire parfaitement comprendre à nos lecteurs toute la portée.

SOCIÉTÉ DU GAZ GÉNÉRAL DE PARIS. — GAZ PORTATIF.

CONDITIONS DE L'ABONNEMENT.

ARTICLE PREMIER.

La Société livre son gaz au consommateur au moyen de récipients placés à demeure chez lui et qu'elle vient remplir lorsqu'il y a nécessité.

ART. 2.

La porte, le robinet extérieur destiné à introduire le gaz dans les récipients, le tuyau d'embranchement qui les relie, jusqu'à concurrence de 10 mètres seulement, les récipients et le régulateur sont posés par la Société.

La Société se charge de la fourniture, de l'entretien et du remplacement tant du robinet que des récipients et du régulateur, moyennant, pour ce : un loyer fixe à forfait et par mois, de 2 fr.

Conformément aux dispositions des règlements arrêtés par l'administration supérieure, les récipients seront établis dans des cours ou dans des pièces non habitées et bien ventilées, qui seront, dans tous les cas, entourées d'une palissade à claire-voie convenable, pour en empêcher l'approche à toute personne étrangère à la compagnie du gaz.

Les frais de toute nature nécessaires pour disposer le local convenablement pour recevoir les récipients sont à la charge de l'abonné.

A l'expiration de la présente police, la Société reprendra le robinet, le régulateur et les récipients dans l'état où ils se trouveront par suite de l'usage, l'abonné se portant garant de la remise de ces objets et s'obligeant envers la Société au paiement de toute détérioration provenant d'autre cause que de l'usage.

Les appareils intérieurs de distribution seront construits par des entrepreneurs choisis par l'abonné ;

dans aucun cas, la Société ne pourra être rendue responsable de ces appareils, dont la conservation et l'entretien sont entièrement à la charge de l'abonné, ainsi que tout ce qui pourrait résulter de leur construction et de leur état matériel.

Art. 3.

Le gaz sera livré au compteur : à cet effet, l'abonné fera établir à ses frais et par un fournisseur de son choix un compteur dont le système aura été approuvé par l'autorité administrative.

Ce compteur sera proportionné à la consommation maximum de l'éclairage ; et pour s'assurer de l'exactitude et de la régularité de la marche de ce compteur, la Société pourra faire toutes les vérifications qu'elle jugera utiles, et prescrire à l'abonné toutes les réparations ou modifications nécessaires, le tout sans préjudice de celles que l'abonné ferait effectuer.

L'entretien et la conservation du compteur sont à la charge seule de l'abonné.

Le compteur sera posé et maintenu par des vis ou scellement sur une plate-forme fixe, parfaitement horizontale ; ses raccords sur les tuyaux d'arrivée et de sortie du gaz seront scellés du cachet de la Société. Toute rupture des cachets par le fait de l'abonné ou de ses agents pourra donner lieu à une action en dommages et intérêts et à toutes poursuites de droit.

Il est formellement interdit à l'abonné d'apporter aucune modification dans le matériel du compteur et de ses accessoires, sans en avoir préalablement donné avis à la Compagnie.

L'abonné devra laisser un libre accès aux agents de la Société dans l'endroit où sera posé le compteur ; Tout refus à cet égard sera poursuivi par les voies de droit.

La Compagnie fournit des compteurs en location, d'un système de son choix approuvés par l'administration à tous les abonnés qui en demandent.

Moyennant cette location, la Compagnie se charge de la pose, de l'entretien et des réparations des compteurs qu'elle fournit; toutefois, elle ne garantit dans aucun cas les effets de la gelée.

ART. 4.

L'abonné aura la libre disposition du gaz qui aura passé par le compteur ; il pourra le distribuer comme bon lui semblera, soit à l'intérieur, soit à l'extérieur de son domicile; mais, dans le cas où le nombre de becs déclarés soit comme temps moyen de consommation, soit comme nombre de becs, aura été augmenté sans avis préalable, il ne pourra résulter aucune action contre la Société à raison de la faiblesse de l'éclairage.

Tout acte qui aurait pour but d'obtenir le gaz au préjudice de la Société et en dehors des quantités passant par le compteur, sera poursuivi par toutes les voies de droit.

ART. 5.

L'abonné ne pourra exiger pour son éclairage une quantité de mètres cubes supérieure à celle indiquée pour chaque jour dans la présente police. S'il désire excéder cette quantité, il devra en avertir la Société au moins quarante-huit heures d'avance.

ART. 6.

Le gaz est fourni à raison de 1 fr. le mètre cube.

ART. 7.

Le paiement des fournitures se fera sur présentation de facture, d'après le relevé des consommations opérées indiquées par le compteur ; à défaut de paiement dans les cinq jours qui suivront la présentation de la facture, la Société ne sera pas tenue de continuer la fourniture du gaz, sans que pour cela elle soit déchue du droit de poursuivre par les voies de droit l'exécution des présentes conventions.

L'abonné renonce à opposer à la demande de paiement toute réclamation sur le bien-être des consommations constatées; en conséquence, le montant des factures sera toujours acquitté à présentation, sauf à la Société à tenir compte à l'abonné, sur les paiements ultérieurs, de toute différence qui aurait eu lieu à son préjudice, si mieux n'aime l'abonné recevoir en espèces le montant des réclamations qui seraient reconnues fondées.

Art. 8.

Dans le cas où quelque accident de force majeure obligerait la Société à interrompre momentanément l'éclairage, la Société ne sera tenue à aucune indemnité autre que le remboursement du prix du gaz payé par avance et qui n'aurait pas été fourni.

Sous les conditions qui précèdent et qui sont respectivement acceptées par les soussignés, M

en son nom personnel, déclare s'abonner pour années, à compter de ce jour, étant indiqué que la présente police continuera à recevoir son effet pour une nouvelle période de années, faute par l'abonné d'avoir prévenu la Société trois mois avant l'expiration de la présente police, et ainsi de suite d'année en année à recevoir une fourniture de gaz nécessaire à l'alimentation de sa maison, représentant becs-type, à raison de 1 fr. pour chaque mètre cube indiqué par le compteur, chaque bec-type donnant une lumière équivalente à celle de 10 bougies par 40 litres de consommation à l'heure.

Et M.

Agissant au nom de la Société du Gaz général de Paris,

S'engage à fournir régulièrement, et suivant le besoin de l'abonné, lesdites quantités de gaz, sous la condition expresse du paiement mensuel, tant de la quantité de gaz fourni que du loyer dû pour les robinets, l'entretien du branchement et la location d'un compteur de becs fourni par la Société à raison de francs.

Fait double, à Paris, le

La police de la Société du gaz général de Paris diffère peu, comme on peut en juger, de celle de la Compagnie Parisienne.

Au lieu d'arrêter les conditions de branchement sur le tuyau de conduite placé sous la voie publique, elle a à déterminer le mode d'installation du gaz à domicile, et, par suite, ceux des travaux à ce nécessaires qui incombent à sa charge, ainsi que ceux qui doivent être opérés au compte du consommateur. Un versement préalable pour frais d'installation est donc inutile.

L'abonné reste entièrement libre du choix de ses appareils et de l'appareilleur; il achète lui-même son compteur, en se renfermant à ce sujet dans les prescriptions spéciales de l'autorité, ou jouit à son gré de la faculté de le louer à la Compagnie.

Il n'y a que deux différences sensibles entre la police d'abonnement au gaz courant et celle du gaz portatif; la première, c'est que cette dernière Compagnie ne stipule pas de versement préalable d'un mois d'éclairage à titre de cautionnement, et la seconde, c'est que la Compagnie Parisienne ne parle pas dans cet acte de la qualité du gaz qu'elle livre, silence rationnel, du reste, en présence des stipulations du cahier des charges qui l'investit de son privilége; tandis qu'aucun acte ne déterminant le pouvoir éclairant du gaz portatif, il devenait, pour la Société du gaz général de Paris, nécessaire, indispensable même de garantir par un acte régulier à ses abonnés, le titre de la lumière qu'elle doit leur fournir.

CHAPITRE CINQUIÈME.

DES BRANCHEMENTS EXTÉRIEURS. — DES ROBINETS D'ORDONNANCE.

Une fois que le consommateur a signé sa police (dont le coût est de 1 fr. 50) et opéré le versement préalable du cautionnement à raison de 7 francs par chaque bec de gaz déclaré, la Compagnie s'occupe des travaux nécessaires pour établir une communication entre la localité à éclairer et le tuyau de conduite qui se trouve sous le sol de la voie publique. Cette communication s'appelle un *branchement*, et s'effectue au moyen d'un tuyau en plomb dont le diamètre et l'épaisseur varient suivant la quantité des becs à éclairer.

L'opération consiste : 1° en travaux de terrassement nécessaires pour aller rejoindre la conduite souterraine ; 2° à adapter le branchement sur cette conduite d'une manière solide et exempte de fuites ; 3° à le faire pénétrer dans les bâtiments à éclairer en y adaptant un robinet de service ; 4° à reboucher l'excavation faite dans la rue, une fois le branchement placé.

La Compagnie a seule le droit d'établir le branchement sur la conduite principale, et ce aux frais de l'abonné. Cependant celui-ci conserve le droit de faire régler en la manière ordinaire et par un architecte de son choix, le mémoire qui lui est présenté pour l'exécution de ces travaux. Le montant doit en être remis à la Compagnie avant la mise en service de l'éclairage.

Voici les bases sur lesquelles on peut établir l'évaluation de l'installation d'un branchement extérieur.

Pour le service de 1 à 10 becs, le diamètre intérieur du branchement en plomb doit être de 27 millimètres, l'épaisseur du métal sera de 4 millimètres, et le poids approximatif par mètre courant sera de 4 kilogrammes 4 hectos.

L'installation complète, c'est-à-dire la fouille, l'application du branchement à la conduite opérée soit par un collier de fer, soit par une soudure en plomb, le rebouchement de la tranchée, l'entaille du mur et la réfection du pavage et du trottoir, coûte ordinairement :

Le premier mètre, sous pavé ou macadam.	25 fr.
— sous bitume.	28
Le dernier mètre, sous pavé ou macadam.	14
— sous bitume.	17
Et par mètre intermédiaire, sous pavé ou macadam.	12
— sous bitume.	15

A ces frais il faut ajouter, quelle que soit l'importance de l'éclairage, le prix de l'entaille de la porte du robinet dans la devanture du magasin, et celui du robinet d'ordonnance.

L'entaille faite dans la pierre coûte généralement 8 fr., dans le marbre 12 fr., dans le bois 5 fr. Le robinet de 27 millimètres à coffret se paie 13 fr. 50 y compris la clef.

Pour un éclairage de 11 à 20 becs, le branchement extérieur doit être d'un diamètre intérieur de 34 millimètres, d'une épaisseur de 4 millimètres et demi, et du poids de 6 k. 25 par mètre linéaire.

L'installation dans les mêmes conditions que ci-dessus se paie :

Le premier mètre, sous pavé ou macadam. 28 fr.
— sous bitume. 31
Le dernier mètre, sous pavé ou macadam. . 17
— sous bitume. 20
Chaque mètre intermédiaire, sous pavé ou macadam. 15
— sous bitume. 18
Le robinet à coffret coûte 24 fr. 50.

Le service de 21 à 30 becs a lieu au moyen d'un branchement de 41 millimètres de diamètre en plomb dont l'épaisseur est de 4 millimètres et demi, et le poids, par mètre linéaire, de 7 kilogrammes.

Les prix d'installation sont :

Le premier mètre, sous pavé ou macadam. 30 fr.
— sous bitume 33
Le dernier, sous pavé ou macadam . . . 19
— sous bitume 22
Les intermédiaires, sous pavé ou macadam 17
— sous bitume 20
Le robinet d'ordonnance coûte 36 fr. 50 c.

Un éclairage de 31 à 50 becs nécessite un branchement de 54 millimètres de diamètre, en plomb d'une épaisseur de 5 millimètres, pesant 10 k. 50 par mètre courant.

L'installation s'en fait aux prix de :

Le premier mètre, sous pavé ou macadam . 33 fr.
— sous bitume 36
Le dernier, sous pavé ou macadam . . . 22
— sous bitume 25
Les intermédiaires, sous pavé ou macadam 20
— sous bitume 23
Le robinet à coffret coûte 50 fr. 50 c.

On se sert encore dans les éclairages exceptionnels de branchements en plomb de 81 millimètres de diamètre intérieur, d'une épaisseur de 6 millimètres et du poids de 18 kilogrammes par mètre courant.

L'installation de ces branchements coûte :

Le premier mètre, sous pavé ou macadam.	39 fr.
— sous bitume	42
Le dernier, sous-pavé ou macadam. . . .	28
— sous bitume	31
Les intermédiaires, sous pavé ou macadam	26
— sous bitume	29

Le robinet que nous nommons ici : *robinet d'ordonnance*, est renfermé dans un coffre en fonte dont la porte est fixée à l'extérieur des bâtiments à éclairer. Cette disposition permet au gaz qui viendrait à 'y introduire, de se répandre et de s'échapper forcément dans l'air sans pénétrer dans les lieux éclairés.

Il se démonte facilement sans que l'on soit obligé de déplacer le coffre.

La porte extérieure du coffre ne peut être ouverte que par un agent de la Compagnie, et le consommateur ne peut ouvrir le robinet sans l'action préalable de cet agent.

Des doubles clefs du robinet et de la porte sont déposées chez les commissaires de police ; et dans le cas où l'éclairage d'une localité serait suspendu, la porte du coffre devrait être immédiatement recouverte d'une plaque en métal fixée à vis, afin que personne ne puisse plus l'ouvrir.

Ces précautions et l'emploi même de ce robinet sont généralement négligés dans les villes de province, et pourtant les prescriptions dont ils sont l'objet de la part de l'autorité parisienne prouvent toute l'importance qu'elle y attache au point de vue de la sécurité publique.

Nous ne saurions trop engager toutes les usines de France à faire usage de ce robinet, dont les administrations municipales devraient prescrire rigoureusement l'emploi.

Toutes les réparations que le branchement pourrait entraîner soit par vice d'installation, soit par fuite ou tassement du sol, sont à la charge de la Compagnie, ainsi que l'entretien du pavage.

Quant à la fourniture du robinet d'ordonnance, elle peut être faite par l'abonné lui-même, qui alors reste chargé de son entretien et de celui de la porte. Dans ce cas, la disposition devra toujours en être faite de manière qu'il soit recouvert par la porte fournie par la Compagnie, et que la tête en soit toujours placée en face de l'orifice de la porte par lequel on introduit la clef de l'abonné. La Compagnie a toujours le droit de poser, à ses frais, un robinet, avant celui de l'abonné, du mauvais service duquel elle n'est aucunement responsable.

Si, au contraire, le robinet est posé et fourni par la Compagnie, elle se charge de son entretien et de celui de sa porte, moyennant une redevance mensuelle de 50 centimes, et alors elle répond des interruptions d'éclairage et des accidents que pourrait entraîner le mauvais entretien du robinet.

Les Compagnies de gaz laissent encore à leurs abonnés la faculté de louer le branchement, qu'elles exécutent dès lors à leurs frais. Cela facilite pour certaines personnes l'adoption de l'éclairage au gaz en même temps que cela évite des discussions dont la solution ne laisserait pas que d'être fort embarrassante pour les Compagnies.

En effet, qu'un abonné, propriétaire de son branchement, vienne, par un motif quelconque, à cesser de s'éclairer au gaz et réclame la remise du branchement qu'il a payé ; comment la Compagnie s'exécutera-t-elle. Le droit de l'abonné en cette circonstance est évident, il résulte de la facture même qu'il a acquittée. Ordinairement, en pareil cas on estime approximativement la valeur du branchement, on en déduit le coût du travail à faire pour le couper, et l'on fait ce que l'on appelle une cote mal taillée, qui se résume toujours en préjudice pour le propriétaire du branchement. Il vaut donc mieux que la Compagnie ne fasse que louer les branchements : c'est un capital immobilisé, mais productif ; en même temps c'est une occasion de faire souscrire des abonnements d'une longue durée.

A Paris les branchements se paient au taux suivant :

1 franc par mois pour un branchement en plomb de 0m, 027 de diamètre pouvant desservir un éclairage de 1 à 10 becs ;

1 fr. 20 par mois pour un branchement de 0m, 034 de diamètre intérieur pouvant alimenter de 11 à 20 becs de gaz ;

1 fr. 50 par mois pour un branchement de 0m, 041 de diamètre intérieur servant à l'éclairage de 21 à 30 becs ;

2 francs par mois pour un branchement de 0m, 054 de diamètre intérieur alimentant de 31 à 50 becs ;

Enfin 3 francs par mois pour les branchements exceptionnels de 0m, 081 de diamètre intérieur.

Cette redevance mensuelle se paie, comme l'entretien du robinet, en même temps que le prix du gaz consommé.

L'installation à domicile du gaz portatif n'entraîne pour le consommateur d'autres frais qu'une location mensuelle de 2 francs.

Moyennant cette redevance, la Compagnie fournit et pose gratuitement :

1° Les cylindres en nombre suffisant pour l'alimentation de l'éclairage ;

2° Le branchement, le robinet et la porte nécessaires au chargement des cylindres, pourvu que ce branchement n'ait pas une longueur de plus de dix mètres, au-delà de laquelle l'excédant reste à la charge de l'abonné ;

3° Enfin, le régulateur nécessaire à l'émission du gaz sous une pression constante.

L'installation des cylindres se fait à volonté, ou pour mieux dire, suivant les localités, soit dans une cave, soit sur une toiture, ou bien encore sous un vestibule, dans un corridor ou un coin peu fréquenté.

Les craintes et les répugnances que manifestent certaines personnes pour l'emploi de ce système d'éclairage, n'ont aucune raison d'être, car les cylindres qui contiennent le gaz à quatre atmosphères seulement, sont, avant d'avoir été au service, essayés à vingt atmosphères et plus.

CHAPITRE SIXIÈME.

DU COMPTEUR.

Le branchement et le robinet d'ordonnance une fois posés, il faut relier ce dernier appareil au compteur.

Or qu'est-ce que le compteur ? Pour la plus grande partie des abonnés, le compteur est un instrument inintelligible dont la marche mystérieuse est sujette à de nombreux et fréquents écarts qui ne portent presque jamais préjudice à la Compagnie, mais servent à celle-ci à tromper le consommateur sur la quantité de marchandise vendue.

S'il est une erreur que l'on doive s'attacher à déraciner, c'est certes celle-là ; car dans toute affaire qui a pour but la vente et la livraison d'une marchandise privilégiée, il est de toute importance que les rapports entre le producteur et le consommateur soient, autant que possible, à l'abri de tout soupçon ; et jamais soupçon n'a été plus mal fondé que celui dont le préjugé vulgaire accable le compteur.

Essayons, par des explications simples et faciles à comprendre, de donner aux abonnés une idée vraie, juste, de cet instrument, qui est la base de tous leurs rapports avec les Compagnies productrices, et nous aurons, à notre avis, rendu service à l'industrie du gaz.

Combien de fois n'avons-nous pas entendu dire, au moindre dérangement dans l'éclairage : *C'est la faute du compteur !* Or, accuser le compteur à la légère, c'est faire peser gratuitement sur les Compagnies une accusation de fraude dont elles sont innocentes, ce qu'il importe au plus haut point de démontrer.

Le gaz ou plutôt la lumière est une marchandise, puisqu'on la fabrique, la vend et la consomme ; et parce que cette fabrication et cette vente sont l'objet d'un privilége spécial, par suite de la canalisation souterraine que l'exploitation de cette industrie nécessite, les conditions de vente et de livraison doivent être soumises à des réglementations plus rigoureuses peut-être que celles qui régissent tout commerce libre.

De même que tout contrat de vente renferme des stipulations bien nettes sur la quantité et la qualité de la marchandise qui en est l'objet, quantité et qualité qui servent à déterminer les conditions de prix, de même toute police d'abonnement, qui n'est à proprement parler qu'un contrat de vente, doit désigner d'une manière exacte la quantité et la qualité du gaz que le consommateur doit employer pour le prix fixé par l'acte de concession du privilége.

Or, à l'égard de l'abonné, on a choisi pour type de mesure de consommation le mètre cube, parce qu'il n'y a qu'une mesure de capacité au moyen de laquelle on puisse déterminer le volume des quantités de gaz livrées et employées.

Ce genre d'unité, le mètre cube, n'est pas parfaitement compris de tous les abonnés, à cause de sa décomposition en litres, et bien des gens, du premier coup d'œil, ne voient pas le rapport qui peut exister entre le litre et le mètre.

Dans le système décimal, le litre et le mètre sont tous deux des unités de comparaison, et aucun des multiples du litre ne porte le nom de mètre, pas plus que le litre ne figure dans les sous-multiples du mètre. Mais si l'on réfléchit qu'il s'agit ici de mesures de capacité, c'est-à-dire de mesures cubiques, que le litre n'est autre chose qu'un décimètre cube, et que par conséquent un kilolitre, soit mille litres, a exactement la même capacité qu'un mètre cube, composé de mille décimètres cubes, on arrivera à comprendre le rapport qui existe entre un litre de gaz et un mètre cube de gaz, autrement dit un *kilolitre*, nom assez inusité pour que l'on ait cru devoir y substituer celui de son équivalent, le mètre cube. Maintenant pourquoi dans les transactions en matière de gaz emploie-t-on l'unité *mètre* au lieu de l'unité *litre?* C'est qu'un litre de gaz est si peu de chose, il met si peu de temps à se consommer et son prix est tellement minime, que si l'on comptait par litres, on aurait toujours au total une immense quantité de litres et des fractions de centimes qui n'ont pas de nom dans le commerce ordinaire. Au lieu de cela, on néglige habituellement dans les comptes de gaz toutes les fractions du mètre cube, soit litres, dizaines de litres et centaines de litres, et ces fractions, par le jeu naturel de l'instrument que nous allons expliquer, se reportent au compte suivant de l'abonné.

Ceci expliqué, il reste à démontrer de quelle manière on est arrivé à la solution de ce problème difficile de mesurer le gaz avec exactitude. Certes si question parut jamais de prime abord embarrassante, ce fut sans contredit celle-là. Le gaz étant un corps aériforme, incolore et d'une facile effusion dans l'atmosphère, il ne fallut pas songer à le mesurer à découvert, par les moyens ordinaires ; il fallut chercher à combiner un instrument qui opérât le mesurage dans un appareil complétement clos, tout en laissant voir le résultat de l'opération.

La première combinaison qui s'offrit fut la cloche. On fabriqua une espèce de petit gazomètre dont on fit plonger l'orifice dans un réservoir d'une capacité plus grande et rempli d'eau jusqu'à un certain niveau au-dessus duquel dépassait dans l'intérieur du réservoir le tuyau d'arrivée du gaz.

La capacité de la cloche étant exactement cubée, et le jeu de celle-ci étant libre dans l'eau, sauf les guides qui protégeaint la rectitude de son ascension, lorsque le gaz arrivait entre l'eau et le fond de la cloche, après avoir d'abord rempli l'espace vide, il opérait une pression sur l'eau, et, comme sa force d'impulsion n'était pas assez considérable pour la déplacer, il soulevait la cloche en la remplissant ; celle-ci, arrivée à un certain degré d'élévation correspondant avec une capacité déterminée, s'ouvrait au moyen d'un mécanisme quelconque, et la quantité de gaz contenue dans la cloche se rendait aux brûleurs. Alors, si l'écoulement du gaz était complet, la mesure ne renfermait aucune erreur apparente ; et nous disons *apparente*, à cause de l'influence naturelle de la température sur le gaz, corps élastique qui, se contractant ou se dilatant suivant le degré de chaleur ou de froid du moment, offrait ainsi un volume plus ou moins grand pour une même quantité de gaz. Mais, comme à ces causes d'erreurs d'une influence peu sensiblement appréciable sur de petites quantités s'en joignaient d'autres fort importantes, l'on fut obligé de renoncer à l'emploi des cloches au mesurage du gaz ; ainsi le mécanisme chargé d'ouvrir la cloche arrivée au point extrême de son ascension pouvait, pour une cause ou pour une autre, présenter une résistance telle, ou que le gaz fût impuissant à le faire jouer, ce qui interrompait forcément l'éclairage, ou que le gaz s'accumulât sous la cloche en se comprimant pour forcer le jeu du mécanisme; et alors la quantité de gaz réellement écoulée était plus grande que celle indiquée par l'appareil ; de là des erreurs au préjudice des compagnies productrices, et l'on comprend facilement que l'emploi d'un tel instrument ait été bientôt rejeté.

Ce fut vers l'année 1815 que l'ingénieur anglais Samuel Clegg conçut l'idée d'appliquer au mesurage du gaz le principe de la vis d'Archimède, et voici quelle observation le conduisit naturellement à cette application heureuse.

Lorsqu'un cylindre ouvert à ses deux extrémités est intérieurement rempli par une vis d'Archimède tournant autour d'un axe, de manière que les bords de la vis touchent dans toute la longueur à la paroi intérieure du cylindre, si après avoir plongé l'extrémité inférieure de celui-ci dans un liquide quelconque, et l'avoir incliné sous un certain angle, l'on imprime à l'appareil un mouvement de rotation dont l'axe de la vis est le centre, le liquide qui pénétrera dans le cylindre par son extrémité inférieure, s'élèvera au fur et à mesure, et arrivera bientôt à son extrémité supérieure, d'où il s'écoulera si le mouvement continue. Maintenant si l'on recueille ce liquide dans un vase d'une capacité déterminée que l'on cherche à remplir, et qu'au lieu d'imprimer le mouvement de rotation au moyen de la force manuelle, l'on adapte à l'axe du cylindre un mécanisme moteur indiquant en même temps le nombre de tours opéré par l'appareil, en observant la quantité de liquide produite par chaque révolution, les indications du mécanisme donneront d'une manière certaine et sans qu'il soit besoin de vérification, la quantité de liquide écoulée. C'est en cela que réside tout le principe du compteur, avec ces différences toutefois que le gaz tient la place du liquide, que le mouvement de rotation s'effectue par la seule force de pression du gaz, et que le cylindre dont nous avons supposé l'intérieur occupé par une vis, renferme une hélice, c'est-à-dire des parties de diaphragmes enroulés en spirale autour d'un axe unique.

Cette observation, avons-nous dit, conduisit Clegg à l'invention du compteur. En effet, le partie principale de cet instrument est l'hélice, car c'est elle dont les mouvements recueillis par un mécanisme d'horlogerie indiquent les quantités de gaz mesurées. Mais ce n'était pas tout que d'avoir découvert le principe, il fallait en rendre l'application praticable. Pour cela que fit l'inventeur ? Il construisit une hélice à quatre diaphragmes très-inclinés, l'enveloppa d'un cylindre pour isoler l'un de l'autre les quatre compartiments ainsi formés par l'appareil, et, soutenant celui-ci par les deux extrémités de l'axe placé dans une position horizontale, il plongea son hélice dans un vase plein d'eau jusqu'à ce que l'une des ouvertures de l'un des quatre compartiments fût seule hors de l'eau.

Garnissant alors l'un des côtés de l'appareil d'une calotte bombée, soudée à l'enveloppe cylindrique de l'hélice, mais percée au centre d'un orifice suffisant à l'introduction du tuyau chargé d'amener le gaz dans l'hélice, orifice immergé du reste, il fit arriver le gaz dans l'appareil ainsi disposé.

Le gaz eut bientôt rempli la partie de la calotte qui se trouvait hors de l'eau ; mais la force constante d'impulsion qu'il recevait de la pression exercée dans le tuyau alimentaire, le contraignit à chercher une issue ; s'introduisant alors dans l'ouverture d'un des compartiments de l'hélice, ouverture qui, l'avons-nous dit, se trouvait au-dessus de l'eau, il chercha à traverser ce compartiment pour sortir par l'ouverture opposée. L'eau résistait à son action ; mais l'hélice étant facilement mobile sur les deux points d'appui de son axe, le gaz tira le compartiment tout entier hors de l'eau pour se frayer un passage, et imprima ainsi un mouvement de rotation à l'ensemble de l'appareil, mouvement qui se continua d'une manière uniforme, car à peine le gaz trouvait-il une issue par l'ouverture postérieure du compartiment qu'il avait rempli, que l'ouverture antérieure de ce compartiment plongeait dans l'eau et découvrait l'ouverture antérieure du compartiment suivant.

Le même phénomène se renouvelait alors ; le second compartiment, une fois rempli, se vidait à son tour, découvrait l'ouverture du troisième, et ainsi de suite.

Recueillir le gaz à son issue de l'hélice était chose facile, ainsi que l'amener sous un petit gazomètre dont la capacité était déterminée à l'avance ; restait à observer quelle quantité de gaz fournissait chaque révolution de l'hélice, et à adapter à l'axe un mécanisme d'horlogerie qui enregistrât chacune de ces révolutions, c'est-à-dire les quantités de gaz qui avaient traversé l'appareil, et le compteur était trouvé.

Il y avait encore à combiner l'ensemble de l'instrument de manière à en rendre l'usage facile, indispensable par sa régularité, et à l'abri de toute fraude. Bien des personnes ont travaillé pour arriver à ce but multiple, bien des perfectionnements ont été proposés, et à quelques modifications près, le compteur de Crosley, continuateur de l'œuvre de Clegg, est encore aujourd'hui le seul, ou à peu près, dont l'usage soit généralement adopté, et satisfasse à toutes les exigences de régularité demandées à un instrument qui est le témoin unique et en quelque sorte assermenté de la dette du consommateur.

Chacun sait que le compteur est composé de deux parties, espèces de boîtes soudées l'une à l'autre : la première, qui a la forme d'un parallélogramme rectangulaire, est surmontée d'un appendice contenant le mouvement d'horlogerie, et porte à sa surface supérieure le tuyau d'introduction du gaz, placé à la gauche de l'appareil; la seconde, cylindrique, contient l'hélice et supporte le tuyau de sortie.

Pour bien faire comprendre l'agencement et le fonctionnement du compteur, supposons un moment que nous assistons à l'installation d'un de ces instruments chez le consommateur, et que ses parois, transparentes par hypothèse, nous livrent le secret de sa marche.

La première condition pour la bonne installation d'un compteur est de le poser parfaitement de niveau; en voici la raison :

Le compteur doit contenir de l'eau, c'est indispensable au mesurage du gaz par le moyen de l'hélice, ainsi que nous l'avons déjà expliqué; or, la surface de l'eau étant toujours horizontale, si le compteur penchait d'un côté ou de l'autre, le niveau normal de l'instrument cesserait d'être atteint. Il pourrait arriver que le compteur fonctionnât tout de même, mais irrégulièrement, c'est-à-dire au préjudice de l'abonné ou de la Compagnie, suivant que, par la position inclinée de l'instrument, l'eau occuperait plus ou moins de place dans les compartiments de l'hélice.

Il est donc essentiel que le compteur soit placé rigoureusement de niveau.

Ainsi établi, après avoir, par un raccord, ajusté le branchement extérieur sur le tuyau A (1), qui est celui de l'introduction du gaz, et le branchement intérieur sur le tuyau B, qui est celui par lequel le gaz au sortir du compteur se rend aux becs, il faut verser de l'eau dans le compteur.

A cet effet on enlève la vis de niveau P, qui se trouve sur le côté droit de la boîte, ainsi que la vis O, placée du même côté droit, mais sur la surface supérieure, et par cette dernière ouverture on introduit

(1) Pour l'intelligence de la description, il faut la suivre sur le dessin ci-joint.

de l'eau au moyen d'un entonnoir. L'ouverture O correspond à un canal intérieur dont l'orifice inférieur pénètre dans la partie postérieure du compteur vers le fond, de manière que, quelque brusque que soit l'introduction de l'eau, celle-ci n'arrive jamais sur le volant X avec assez de force pour lui imprimer un mouvement quelconque.

Au fur et à mesure que l'eau remplit ainsi la caisse ronde du compteur, elle pénètre dans la boîte antérieure par l'ouverture I pratiquée à la cloison mitoyenne aux deux caisses, et plus tard par l'ouverture semi-circulaire qui sert de passage à la branche recourbée du siphon S.

On continue à verser de l'eau jusqu'à ce que le liquide s'étant élevé au-dessus des bords du régulateur V, entre dans la cuvette supérieure de ce régulateur, tombe au fond par le petit tube qui se trouve au milieu, et, cherchant naturellement son niveau, s'élève tout autour de ce tube, gagne l'orifice de sortie que fermait la vis P, et s'écoule par cet orifice.

Au moment où l'eau commence à sortir du compteur, on cesse le versement, et l'écoulement continue tant que le liquide introduit dépasse les bords du régulateur. Quand l'écoulement a cessé, c'est un signe certain que l'eau est arrivée à son niveau normal dans le compteur, et que toute la partie antérieure et postérieure de l'instrument est remplie d'eau jusqu'à la ligne de niveau NN.

On ferme alors les deux vis O et P ; nous ferons remarquer toutefois que, ces deux vis restassent-elles ouvertes, le gaz ne pourrait jamais s'échapper par là ; car, d'un côté, pour sortir par l'orifice O, il faudrait qu'il n'y eût presque plus d'eau dans la caisse ronde du compteur, puisque, avons-nous dit, cet orifice correspond directement à un tube intérieur dont l'ouverture inférieure aboutit au fond de ladite caisse ; et de l'autre côté, pour s'échapper par la vis de niveau P, il faudrait que le régulateur fût entièrement vide, ce qui ne peut pas avoir lieu, si ce n'est par une manœuvre coupable que les lois punissent à l'égal d'un vol.

L'introduction de l'eau dans le compteur a eu pour effet direct de soulever petit à petit la boule métallique F que l'on désigne sous le nom de flotteur, et dont les mouvements sont maintenus constamment dans la même direction verticale par les deux tiges soudées à sa partie inférieure, tiges qui servent de guides en passant par deux ouvertures pratiquées au diaphragme placé au-dessous.

Le flotteur est surmonté d'une tige verticale qui traverse le compartiment avec lequel communique le tuyau d'arrivée du gaz, et porte à son extrémité supérieure une rondelle de métal qui s'emboîte dans l'ouverture de ce compartiment et forme la soupape L. Une condition expresse du bon fonctionnement du compteur est que la tige supérieure du flotteur soit d'une largeur calculée de telle sorte que, si l'absorption de l'eau abaissait le niveau de manière à mettre à découvert la partie supérieure de l'ouverture semi-circulaire qui sert de passage au siphon S, la soupape L fermât exactement, en s'abaissant, l'ouverture du compartiment dans lequel elle se trouve située. S'il en était autrement, c'est-à-dire si la soupape ne fermait pas hermétiquement, le gaz s'introduirait par l'entrebâillement de la soupape, passerait de la caisse antérieure à la caisse postérieure du compteur, et cela par l'ouverture semi-circulaire qui entoure le siphon, et se rendrait au tuyau de sortie B sans mettre en action le mécanisme du compteur, par conséquent sans être compté. On comprend dès-lors toute l'importance de l'exactitude rigoureuse de la mesure de la tige qui supporte la soupape.

Mais supposons toutes choses dans leur état normal et, maintenant que le compteur est garni de la quantité d'eau qui lui est nécessaire, ouvrons le robinet de sûreté que l'on place toujours sur le tuyau d'arrivée lorsqu'entre le robinet d'ordonnance et le compteur il y a une distance assez grande, c'est-à-dire beaucoup plus grande que la simple épaisseur du mur qui les sépare.

Le gaz arrive en passant par le tuyau A, entre dans le compartiment où se trouve la soupape L, et pénètre dans la boîte antérieure du compteur par l'ouverture que la soupape est destinée à fermer. Ne trouvant point d'issue par le régulateur V, puisque l'eau que celui-ci contient constitue une fermeture hydraulique, quand bien même la vis P serait ouverte, il entre dans le siphon S.

Ainsi qu'on peut le voir par la figure 2, le siphon est un tube creux dont l'orifice inférieur traverse la paroi de la boîte antérieure du compteur, et est clos au moyen d'une vis H dont nous allons expliquer le but. Vers le milieu de ce tube, un autre tube recourbé est ajusté et soudé, communiquant avec le tube droit.

Le gaz, entrant dans le siphon, ne peut sortir par l'ouverture inférieure puisqu'elle est fermée par la vis H; il s'engage alors dans le tube recourbé et arrive ainsi sous la calotte bombée du volant X. Si le siphon ne se composait que d'un tube recourbé en forme d'U, il pourrait arriver que les eaux de condensation qu'entraîne presque toujours le gaz, s'arrêtant naturellement dans la partie la plus basse de l'U, vinssent à boucher toute communication; dès lors, en présence de cet obstacle, le gaz ne pourrait plus pénétrer dans le volant X et l'éclairage se trouverait interrompu; tandis qu'avec la forme actuelle du siphon, il faut, pour qu'il y ait interruption au passage du gaz, que la partie inférieure du tube droit et celle recourbée soient toutes deux pleines d'eau, ce qui est fort rare; mais en pareil cas le remède est fort simple, car il n'y a qu'à ouvrir la vis H, et l'écoulement s'opère alors de lui-même.

Voilà donc le gaz parvenu sous la calotte bombée qui précède l'hélice ou volant X, et à laquelle elle est soudée par sa circonférence. Le seul aspect de cette calotte en fait comprendre la nécessité. En effet, supposons qu'elle n'existe pas ; le gaz, au sortir du siphon, n'aura alors aucune raison de pénétrer utilement dans l'hélice, il se répandra naturellement dans la partie non submergée de la caisse postérieure du compteur et s'écoulera par le tube B, sans avoir mis en action le mécanisme de l'appareil, tandis que, répandu sous la calotte bombée dont l'ouverture autour du siphon est submergée, le gaz, après en avoir rempli toute la partie non occupée par l'eau, est forcé, comme nous l'avons déjà dit, à pénétrer dans l'ouverture du compartiment du volant X qui se trouve hors de l'eau ; le phénomène que nous avons déjà décrit s'opère : le gaz, trouvant sur la surface même de l'eau un point d'appui, fait peu à peu sortir de l'eau le compartiment qu'il remplit et dont il s'échappe par l'ouverture postérieure, qui se découvre au moment même où celle par laquelle il a pénétré s'immerge, de manière que l'eau force le gaz à sortir du compartiment qu'il a rempli, en même temps que le compartiment suivant est occupé de la même façon par le gaz, et se vide à son tour, opération nécessaire qui a pour effet d'imprimer au volant X un mouvement continuel de rotation autour de son axe K. Une fois sorti de l'hélice, le gaz se répand dans l'espace vide de la caisse qui renferme le volant et gagne le tuyau de sortie B, d'où il se rend aux brûleurs.

Voilà donc le compteur mis en action; le gaz le traverse désormais sans obstacle en le mettant en jeu; voyons maintenant comment il enregistre les quantités de gaz consommées.

L'axe K, autour duquel le volant X opère ses révolutions successives, est appuyé sur les deux parois de la caisse ronde du compteur, mais il pénètre dans la boîte antérieure, à côté du siphon et là il se termine par une vis sans fin Y. Le mouvement imprimé par le gaz au volant fait tourner la vis, qui rencontre une roue d'engrenage horizontale R à laquelle elle communique le mouvement qu'elle reçoit. Cette roue est soutenue par une tige verticale qui lui sert d'axe, laquelle tige supporte un tambour T placé dans la petite boîte inférieure où est situé le mouvement d'horlogerie. Pour empêcher le gaz de se rendre dans cette boîte, la tige de la roue d'engrenage est protégée par un tube métallique D qui plonge dans l'eau.

Au fur et à mesure que la roue d'engrenage est mise en jeu par la vis sans fin de l'axe K, le tambour T opère sur lui-même un mouvement de rotation, et présente ainsi successivement toutes les divisions qu'il porte à une aiguille immobile placée sur l'index C des cadrans. Les divisions de ce tambour expriment en litres les quantités de gaz qui ont passé par le compteur. Il y a cent divisions d'un litre, de sorte qu'il faut que le tambour tourne dix fois pour un mètre cube.

Par une combinaison de roues dentelées et de pignons correspondant aux aiguilles des cadrans indicateurs, se communiquant entre eux le mouvement de rotation du tambour et le divisant de telle façon que dix révolutions du tambour équivalent au dixième d'une révolution complète de l'aiguille du premier cadran, et qu'une révolution complète de chaque aiguille équivaut au dixième de celle de l'aiguille du cadran suivant, on arrive à indiquer sans erreur la quantité exacte de gaz consommé. La seule inspection de ce mécanisme le fera mieux comprendre qu'une description qui ne pourrait être claire et intelligible que faite de vive voix, le mécanisme à la main.

Le mouvement passe donc du tambour T aux aiguilles des divers cadrans que porte l'index C; le nombre de ces cadrans varie suivant la capacité du compteur. Les compteurs destinés à alimenter de un à cinq becs n'ont que trois cadrans, unités, dizaines, et centaines, c'est-à-dire mètres cubes, dizaines de mètre et centaines de mètre, car nous avons dit que l'unité commerciale en matière de gaz est le mètre cube, soit mille litres. Au-dessus du nombre susdit de brûleurs, les compteurs ont quatre cadrans et même plus ; les cadrans supplémentaires indiquent alors l'unité multipliée par mille, dizaines de mille, centaines de mille, etc.

Quel que soit le nombre des cadrans, celui des unités est toujours placé à droite. Chaque cadran est naturellement divisé en dix parties, et ne porte qu'une aiguille. Par suite de la transmission de mouvement opérée d'un cadran à l'autre sur une seule ligne horizontale, il en résulte que les aiguilles ne tournent pas toutes dans le même sens ; que la première tournant de droite à gauche. la seconde tourne de gauche à droite, et que les aiguilles suivantes alternent ainsi, entraînées toutes par l'impulsion première ; c'est pour cela que les chiffres sont diversement placés sur les cadrans.

Ainsi le cadran des unités se lit de droite à gauche comme sur une montre ; celui des dizaines, de gauche à droite ; celui des centaines reprend la même marche que celui des unités, et ainsi de suite. Pour lire correctement les indications des cadrans, il faut relever sur chaque cadran le chiffre qui précède l'aiguille dans l'ordre de la numération.

Ainsi dans le dessin que nous publions aujourd'hui, l'aiguille du cadran des centaines a passé le chiffre 4, ce qui donne. 400

Celle du cadran des dizaines a passé le chiffre 9, ce qui donne. 90

Enfin celle du cadran des unités a passé le chiffre 3, ce qui donne. 3

Le total est donc en mètres cubes de. . . . 493

Nous ne relèverons pas les indications du tambour,

car les fractions du mètre qu'il exprime se reportent d'elles-mêmes d'un compte à l'autre.

Il faut observer toutefois, en relevant les indications du compteur, que la position de l'aiguille de chaque cadran entre le chiffre indiqué et le chiffre suivant soit proportionnelle à la quantité indiquée par le cadran précédent ; ainsi s'il y a cinq unités d'indiquées, l'aiguille du cadran des dizaines devra se trouver à égale distance de deux chiffres. En un mot, il faut se figurer l'intervalle des chiffres divisé en dix, et la position de chaque aiguille correspondante à l'indication du cadran antérieur. Si le contraire avait lieu, il y aurait dérangement dans le mécanisme.

Maintenant que le lecteur connaît la marche mécanique du compteur et sait en recueillir les indications, revenons au point le plus essentiel pour l'exactitude de cet instrument : le niveau d'eau.

C'est en effet de l'exactitude constante du degré d'élévation de l'eau dans le compteur que dépend la justesse de la mesure, et l'on va le comprendre sans peine.

Nous avons dit que le niveau de l'eau dans le compteur devait affleurer le bord supérieur du régulateur V, et que c'est dans cette position que le nombre des mouvements du volant indiquait d'une manière rigoureuse les quantités de gaz consommées. Ceci bien établi, supposons que le consommateur, par ignorance, ou l'employé de la Compagnie, par fraude, verse de l'eau dans le compteur par l'ouverture O, sans avoir au préalable enlevé la vis P ; l'eau introduite dépassera le niveau rationnel NN ; si elle s'élève au-dessus du bord supérieur du siphon S, elle le remplira, et toute communication se trouvant ainsi interrompue d'une caisse à l'autre, le gaz sera arrêté dans sa marche, et l'éclairage sera dès lors momentanément suspendu. On rétablira bien la communication en ouvrant la vis H, ce qui livrera passage à toute l'eau supérieure au siphon, mais on n'obtiendra pas par là l'abaissement du niveau à son point normal.

Qu'arrivera-t-il en cette circonstance? C'est que le consommateur sera lésé dans ses droits. Son éclairage marchera sans doute, mais le compteur marquera plus de gaz qu'il n'en sera consommé en réalité ; et cela se comprend. L'élévation du niveau d'eau au-dessus du point normal a pour effet de diminuer la capacité de chacun des compartiments de l'hélice qui s'élèvent successivement au-dessus de l'eau ; le mouvement de rotation sera toujours, il est vrai, imprimé à l'hélice ; mais comme il faudra moins de gaz pour remplir chaque compartiment, et que le rapport entre la vis sans fin de l'axe et la roue d'engrenage R n'aura point été changé, les mêmes indications de quantité seront obtenues avec une moindre somme de gaz. Pour remédier à un pareil état de choses, il suffira à l'abonné d'ôter la vis P, et de ne la remettre en place que lorsque l'écoulement de l'eau aura complétement cessé.

Si le contraire arrivait, c'est-à-dire, si la quantité d'eau qui se trouve dans le compteur descendait au dessous de son niveau normal, quels sont les phénomènes qui se produiraient?

L'eau s'abaissant découvrirait une plus grande partie du volant, ce qui naturellement augmenterait la capacité des compartiments à remplir ; il faudrait dès lors une plus grande quantité de gaz pour mettre le compteur en action, et par suite ses indications seraient fausses, puisque le rapport entre l'axe et le tambour resterait toujours le même, tandis que la capacité seule des compartiments serait augmentée. Le résultat serait dès lors tout entier au préjudice de la Compagnie, puisque l'abonné brûlerait plus de gaz que le compteur n'en marquerait.

Toutefois cette erreur ne peut jamais s'élever à un chiffre notable, car si la tige qui supporte la soupape est bien dans les conditions de longueur voulues, la soupape, suivant l'abaissement de l'eau, vient fermer le compartiment auquel communique le tuyau d'arrivée du gaz, et l'éclairage est suspendu.

Dans ce cas comme dans le précédent, il faut s'empresser, en ouvrant les vis O et P, de verser de l'eau comme il a été dit ci-dessus.

L'importance de l'exactitude du niveau d'eau est telle, que quelques industriels ont tenté par divers procédés de rendre cette exactitude apparente à l'œil; mais toutes les tentatives faites dans cette voie sont restées sans application, par la raison bien simple qu'il suffit à tout abonné de verser un peu d'eau dans le compteur, la vis du côté P étant ouverte, pour s'assurer par l'écoulement de l'eau que celle-ci est à son niveau normal.

Plusieurs causes peuvent contribuer à l'abaissement du niveau d'eau ; d'abord l'évaporation qui s'opère par le passage du gaz, puis l'élévation de la température ; aussi est-il de bonne précaution de s'assurer tous les huit ou quinze jours si le compteur renferme toujours la quantité d'eau nécessaire.

Un inconvénient inhérent à la nécessité dans laquelle on est d'employer de l'eau pour maintenir constamment le compteur à l'état de mesure exacte, est la facilité avec laquelle ce liquide se congèle en hiver, congélation d'autant plus rapide que généralement la place choisie pour l'installation est la pire de toutes celles dont il soit possible à l'abonné de disposer. Ainsi l'on installe souvent le compteur dans la partie basse de la devanture d'un magasin, sous la montre, ou bien sous un comptoir, ou bien encore dans quelque angle perdu, déguisé par la décoration intérieure.

Il est si important que cet appareil, dont la forme n'a rien de gracieux, d'ornemental, soit dissimulé aux regards du public, que les trous, les coins, les dessous les plus inaccessibles semblent bons pour le contenir. Aussi l'abonné, pour la plupart du temps, ne se rend-il pas compte par lui-même de la quantité de gaz consommée, car il lui faudrait se mettre, comme on dit vulgairement, à quatre pattes et s'aider encore d'une chandelle pour parvenir jusqu'au compteur. Outre qu'il a peur des explosions, il dédaigne de s'abaisser à ce contrôle, dont il laisse le soin aux inspecteurs du gaz ; c'est leur métier.

Ne serait-il pas opportun que l'autorité, qui fait vérifier l'installation de la plomberie et des appareils par ses agents spéciaux, exigeât que le compteur, qui est tout à la fois l'arbitre, le juge et le témoin assermenté des rapports pécuniaires entre la Compagnie et l'abonné, fût situé dans une place apparente, accessible, où la vérification pût s'opérer à chaque instant sans fatigue, absolument comme une horloge, et où il se trouvât à l'abri tout à la fois des grandes chaleurs et de la gelée?

Sans doute les grands froids sont rares dans notre climat; mais dans les coins où l'on a l'habitude de laisser installer les compteurs, il arrive encore assez fréquemment que l'eau qu'ils contiennent se congèle, et que l'éclairage est momentanément interrompu. Que faire en pareil cas? il est toujours urgent de rétablir le passage du gaz; aussi faut-il essayer tous les moyens.

Sans doute, si la Compagnie était prévenue de l'accident et si l'on s'en était entendu avec elle, le plus simple et le plus commode en même temps serait de dévisser les deux raccords du compteur, de les réunir par un tuyau supplémentaire et d'enlever le compteur pour le transporter dans un endroit chaud afin de le faire dégeler; mais on n'a pas toujours le temps de prévenir la Compagnie. Il y a bien des gens peu scrupuleux qui n'hésiteraient pas cependant sur l'emploi de ce moyen, et cela de leur propre volonté; aussi se mettent-ils dans le cas de se voir intenter un procès dont l'issue ne peut manquer de leur être désagréable. Le mieux est donc de laisser le compteur en place et de chercher le moyen de le dégeler.

Si l'on ne craignait point les effets du feu, en approchant du compteur un corps quelconque en ignition, on arriverait certainement et sans délai à dégager le volant et à rétablir ainsi le jeu de l'appareil. Mais les explosions sont à craindre, aussi faut-il avoir recours à d'autres moyens. On pourrait employer avec succès un jet de vapeur dirigé sur la caisse du compteur, mais on n'a pas toujours un jet de vapeur à sa disposition. Le mieux est d'entourer le compteur de linges et de verser sur ces linges de l'eau bouillante, de manière à communiquer à l'appareil une forte chaleur que l'on entretient par des ablutions réitérées d'eau bouillante, jusqu'à ce que le jeu du compteur avertisse que le mécanisme est complétement dégagé.

Ce résultat obtenu, il faut chercher à éviter le retour d'un pareil accident, c'est-à-dire prendre ses précautions, car la moindre négligence amènerait probablement le même désagrément.

A cet effet, deux moyens se présentent : le premier consiste dans l'emploi de précautions extérieures ; le second, dans le mélange à l'intérieur de l'appareil d'un liquide peu susceptible de se coaguler sous l'action du froid.

Les précautions extérieures consistent à entourer le compteur de paille, de foin ou même de fumier, si la position qu'il occupe le permet.

Quant au mélange intérieur, il faut faire choix de liquides qui ne se congèlent qu'à des températures exceptionnelles. Les plus propres à cet usage sont l'alcool et les huiles essentielles de goudron.

L'alcool a le désagrément d'être cher ; en outre, les chimistes prétendent que sous l'action du froid la partie aqueuse de l'alcool se congèle, ne laissant à l'état fluide que la partie spiritueuse ; mais cette objection n'a rien de sérieux, car elle ne s'applique qu'au mélange en repos, tandis que le jeu du volant suffit pour empêcher cette division, cette séparation des molécules alcooliques.

Les huiles essentielles présentent cet avantage que, comme elles dégagent sans cesse des vapeurs de carbone, ces vapeurs, restant en suspension dans la partie supérieure du compteur, sont entraînées par le gaz, auquel elles communiquent un pouvoir éclairant factice.

Quel que soit le liquide que l'on emploie, alcool ou huiles essentielles, le mélange doit avoir lieu dans la proportion de un à deux dixièmes, selon le degré de l'intensité du froid.

Voici de quelle manière il doit s'opérer, à notre avis :

Après avoir enlevé la vis d'introduction O. et y avoir adapté un entonnoir, on ouvre la vis de niveau P, puis l'on verse dans l'entonnoir la quantité de liquide que l'on juge nécessaire. Au fur et à mesure de l'immersion du liquide qui, comme on le sait, arrive à l'intérieur du compteur par un tube qui le conduit dans la partie la plus basse, une quantité d'eau égale à celle du liquide versé s'élève au-dessus du régulateur et s'écoule par la vis de niveau, au sortir de laquelle on la recueille.

Si l'on ne juge pas à propos de faire marcher le compteur pour que le mouvement du volant opère le mélange d'une manière suffisante, il faut reverser dans le compteur l'eau qui en est sortie, recueillir celle qui s'écoule de nouveau, la reverser à son tour, et ainsi de suite à plusieurs reprises consécutives, afin que le mélange soit parfaitement homogène.

Ainsi préparé, le compteur n'a plus à redouter les effets de la gelée ; seulement, comme il est probable que le passage du gaz vaporisera facilement l'alcool, effet qui se produira certainement dans le cas où le mélange aura été opéré avec des huiles essentielles, il sera nécessaire de renouveler de temps en temps l'opération.

On a encore songé aux huiles végétales; mais pour cela il faudrait vider le compteur, opération qui nécessiterait le déplacement de l'appareil, car les compteurs sont fort rarement munis de robinets de vidange. Certaines huiles, comme celles de lin, de chènevis, de noix, de faine, ne se congèlent qu'à de fort basses températures inconnues dans nos climats; mais il est à craindre que lorsque le compteur serait au repos, la faculté que possèdent quelques-unes de ces huiles de se sécher facilement ne fasse épaissir ces huiles sur la partie du volant située hors du liquide, et ne finisse ainsi par en compromettre la marche.

Quelques personnes ont aussi proposé d'employer des dissolutions salines; on a parlé de saturer de sel l'eau du compteur. Mais ne doit-on pas craindre qu'il se forme quelque dépôt nuisible?

Sans doute l'eau salée, comme l'eau de mer, résiste à de grands froids sans se congeler; mais au lieu d'un liquide saturé, il nous semble qu'il serait plus prudent de n'employer qu'un mélange marquant de 15 à 18 degrés. Nous conseillons aussi en pareil cas d'employer le sel blanc, ou le sulfate de soude cristallisé, de préférence au sel de cuisine, dont les impuretés pourraient fort bien attaquer le métal.

Le mélange ainsi préparé n'offrira pas une densité aussi grande que celle d'un liquide saturé, de sorte que l'excédent de pression nécessaire à la marche du compteur sera à peu près insignifiant.

Que nos lecteurs lisent attentivement les divers moyens ci-dessus énumérés de prévenir l'effet de la gelée sur les compteurs, et ils n'auront plus à craindre d'interruption d'éclairage pendant l'hiver s'ils les mettent en pratique.

Avant d'être livré à l'abonné, le compteur, outre les vérifications dont il est l'objet de la part du fabricant, doit être soumis à une opération qui lui communique un caractère officiel de mesure légale; cette opération s'appelle *le poinçonnage*.

De même que les diverses mesures de longueur, de poids, de capacité, en usage dans le commerce, sont confrontées annuellement avec des mesures-étalons pour vérifier leur exactitude, et sont marquées ensuite d'un poinçon conventionnel qui en garantit la justesse, de même la vente des compteurs est entourée de prescriptions généralement inconnues du vulgaire, mais que nous allons décrire pour faire comprendre à tous les consommateurs de quels soins l'autorité entoure la vente de la mesure légale d'une marchandise qu'il est impossible d'apprécier à la manière ordinaire.

Le poinçonnage s'opère par des inspecteurs de la préfecture de police, et voici les instructions qui leur sont données à cet effet :

INSTRUCTION POUR LES AGENTS CHARGÉS DE LA VÉRIFICATION DES COMPTEURS.

§ Ier.

Notions que doivent posséder les agents.

Les modèles de tous les compteurs approuvés par l'administration sont déposés à la préfecture.

Chaque fabricant a dû joindre au modèle par lui déposé un tableau indiquant la disposition et le nombre de dents de chacun des mobiles qui entrent dans la composition du mécanisme indicateur à cadran qui fera partie des compteurs de sa fabrication courante.

Les agents de service devront avoir acquis d'avance une connaissance exacte des dispositions de tous les compteurs approuvés, tant en ce qui concerne l'appareil mesureur que le mécanisme indicateur à cadran.

Ils doivent être assez familiers avec ces dispositions pour savoir imperturbablement le nombre de dents de chacun des mobiles du mécanisme indicateur à cadran pour les appareils de fabrication courante.

Quant aux compteurs de dimensions exceptionnelles, et qui ne sont construits que rarement, les agents doivent être en état de reconnaître si la marche des cadrans et des aiguilles du mécanisme indicateur, qui accuse la dépense en mètres cubes et multiples décimaux du mètre cube, est convenablement déterminée par le premier mobile du mécanisme. Celui-ci est le seul pour lequel on constate, lors de la vérification, que le nombre des trous est en rapport avec le volume de gaz débité par l'appareil.

§ II.

Appareils nécessaires pour la vérification des compteurs, lieux où la vérification doit être faite.

Les appareils nécessaires pour la vérification des compteurs sont : un gazomètre jaugé exactement avec échelle divisée, et un compteur dont l'exactitude ait été déjà constatée avec le plus grand soin, et auquel on donne le nom de régulateur.

Lorsque cela est possible, il faut réunir le gazomètre et le compteur-régulateur. Le gazomètre doit avoir de 3 à 4 hectolitres de capacité. Une échelle divisée en litres, et dont les intervalles sont exactement proportionnels au volume intérieur correspondant de la cloche du gazomètre, est fixée extérieurement à cette cloche.

Cette échelle divisée se meut quand le gazomètre monte ou descend devant une aiguille mobile fixée au bas de l'un des guides ou montants verticaux du châssis qui surmonte la cuve remplie d'eau de l'appareil.

Le régulateur est un compteur dont l'exactitude rigoureuse est parfaitement reconnue ; il est muni d'un large cadran sur lequel une aiguille accuse en litres le volume du gaz qui traverse le gazomètre.

La vérification et le poinçonnage des compteurs neufs a lieu chez les fabricants de compteurs, avant la mise en service des appareils dans le commerce; des vérifications peuvent aussi être nécessaires aux usines à gaz, ou même chez les particuliers.

Il doit y avoir dans chaque fabrique de compteurs une pièce particulière réservée aux essais des compteurs dont on réclame la vérification et le poinçonnage.

Dans cette pièce doivent se trouver un gazomètre, une échelle divisée, un compteur régulateur, au moins dix becs brûleurs, des manomètres et des tuyaux de raccord en nombre suffisant. La division de l'échelle du gazomètre et l'exactitude du régulateur devront avoir été préalablement vérifiées par l'agent de service.

§ III.

Jaugeage du gazomètre et vérification du compteur régulateur.

Pour jauger la cloche d'un gazomètre, on posera cette cloche sur le sol, l'ouverture tournée vers le haut; on la soutiendra avec des cales, de manière que l'orifice de la cloche soit dans un plan horizontal, ce dont on s'assurera en posant dessus une règle dans deux directions différentes et en vérifiant l'horizontalité de la règle au moyen d'un niveau à bulle d'air ou d'un niveau à perpendiculaire. Au bas de la cloche renversée sera adaptée une tubulure recourbée d'équerre, et portant un tube en verre de 15 millimètres de diamètre intérieur au moins, qui s'élèvera verticalement, tout près de la paroi extérieure de la cloche; une bande de cuivre sera fixée à la paroi extérieure de la cloche, tout près du tube en verre. Tout étant ainsi disposé, on versera de l'eau dans la cloche, jusqu'à ce que le niveau de cette eau devienne apparent dans le tube en verre. On tracera vis-à-vis du plan du niveau, sur la bande en cuivre, un trait qui sera marqué 0, et servira de point de départ à la division. On aura un vase cylindrique à bords plats contenant exactement 5 litres. Ce vase sera rempli d'eau que l'on versera dans la cloche ; après avoir versé 5 litres d'eau, on tracera sur l'échelle en cuivre un trait correspondant au niveau de l'eau dans le tube, et en continuant de la même manière jusqu'à ce que la cloche soit remplie ; l'échelle sera divisée en parties dont chacune représentera 5 litres.

Les intervalles entre deux divisions consécutives seront subdivisés en cinq parties égales, marquées par quatre traits plus petits, et dont chacun représentera un litre.

Il ne restera plus qu'à numéroter les divisions principales, à partir de 0, et de 5 en 5 litres. L'opération étant ainsi terminée, le tube en verre sera supprimé ainsi que la tubulure ; le trou sera fermé par une vis ou une plaque soudée.

La cloche du gazomètre sera remise en place et tournée de façon que l'échelle divisée se trouve à côté d'un des guides ou montants ; une aiguille indicatrice sera fixée au bas de ce montant, un peu au-dessus des bords de la cuve. Après la vérification du jaugeage, la cloche du gazomètre sera poinçonnée par l'agent de l'administration.

Les cloches des gazomètres d'essais placées chez les fabricants de compteurs devront être munies d'un manomètre à siphon placé sur le dôme, et dont le diamètre intérieur sera d'un centimètre au moins.

Le compteur régulateur sera vérifié au moyen du gazomètre d'essai, en opérant, d'ailleurs, comme il sera expliqué dans le paragraphe relatif à la vérification des compteurs. Il sera frappé du poinçon de l'administration après la vérification.

§ IV.

Vérification des compteurs chez les fabricants.

Les compteurs présentés à la vérification devront avoir été réglés d'avance par le fabricant, et accuser à 1 0/0 près le volume de gaz qui les traverse; chacun d'eux devra porter une plaque indiquant le nom du fabricant, le volume maximum de gaz que le compteur est destiné à mesurer, exprimé en litres par heure; le numéro de fabrication; il portera également la bande de cuivre destinée à recevoir l'empreinte du poinçonnage.

L'essai pourra avoir lieu sur trois ou même sur un plus grand nombre de compteurs à la fois.

Les appareils à vérifier seront placés en ligne, à la suite l'un de l'autre, sur un banc horizontal, établi à côté du gazomètre d'essai, et réunis entre eux et avec le gazomètre par des tuyaux de raccords de manière que le gaz passe du gazomètre dans le premier compteur, de celui-ci dans le second, et ainsi de suite jusqu'au dernier, d'où le gaz ira aux becs brûleurs piqués sur un tuyau fixé au mur. La série sera terminée par le compteur régulateur. Des manomètres, dont les tubes auront au moins 1 centimètre de diamètre intérieur, seront placés sur chacun des tuyaux de raccord. Ils seront pourvus d'une échelle en papier ou en ivoire, divisée en millimètres, et dont la largeur dépassera les deux branches parallèles du manomètre.

Le vérificateur fera passer le gaz à travers les compteurs en ouvrant le robinet du gazomètre. Il s'assurera que les raccords ne perdent pas, en approchant des joints un morceau de papier enflammé.

Les becs étant allumés, et les compteurs débitant à peu près le maximum de gaz qu'ils sont destinés à mesurer, le vérificateur constatera la pression dans chacun des manomètres : la différence de pression accusée par deux manomètres consécutifs sera celle qui est nécessaire pour mettre en mouvement le compteur placé entre ces deux manomètres.

Il inscrira la pression absorbée vis-à-vis du numéro de fabrication, dans la colonne, à ce destinée, de la feuille de service; puis il fermera le robinet du gazomètre.

Il relèvera et inscrira sur la feuille, dans la colonne à ce destinée, les indications prises à l'échelle du gazomètre et au tambour de chacun des compteurs.

Il ouvrira de nouveau le robinet du gazomètre, et fera passer le gaz à travers les compteurs pendant un quart d'heure environ.

Il observera si les becs brûlent régulièrement et sans secousse, et pourra vérifier de nouveau les pressions absorbées par chaque compteur.

Il examinera le manomètre adapté au gazomètre; la pression de ce manomètre ne devra varier que de quelques millimètres pendant la durée de l'expérience. Au bout d'un quart d'heure environ, il arrêtera l'écoulement du gaz, puis il relèvera les indications du gazomètre et des tambours de chaque compteur, qu'il inscrira dans les colonnes de la feuille de service.

Il poinçonnera ceux des compteurs qui accuseront à 1 0/0 près, en plus ou en moins, le volume de gaz accusé par le gazomètre, et qui n'absorberont pas une pression supérieure à 2 millimètres 1/2 d'eau.

Il refusera de poinçonner les compteurs qui ne satisferaient pas à cette double condition.

Les compteurs de grandes dimensions destinés à mesurer à l'heure 2,000 litres ou plus de gaz, seront essayés séparément. Cet essai pourra être fait avec de l'air au lieu de gaz.

Le vérificateur devra, avant de les poinçonner, s'assurer de l'exactitude du mécanisme indicateur à cadran.

§ V.

Des essais des compteurs ailleurs que chez les fabricants.

Ces essais auront lieu sur la demande des Compagnies ou des abonnés, et par ordre de M. le préfet de police. Ils seront faits au moyen d'un compteur régulateur mis à la suite du compteur soumis à la vérification.

L'installation du compteur régulateur et des manomètres devra être faite d'avance, de manière que le vérificateur n'ait qu'à constater la concordance ou la non-concordance du compteur soumis à l'épreuve du régulateur, et la pression absorbée par le jeu de l'appareil.

§ VI.

Les feuilles de service seront adressées à la fin de chaque journée par les vérificateurs à M. le préfet de police. Ces agents inscriront, dans la colonne intitulée *Observations*, tous les faits qu'ils croiront utile de signaler à l'administration.

Telles sont les instructions minutieuses que reçoivent, au sujet de la vérification des compteurs, les inspecteurs chargés spécialement de ce service; voyons-les maintenant à l'œuvre, pour comprendre parfaitement l'opération et en apprécier l'exactitude.

Tout étant ainsi disposé pour la vérification, et plusieurs compteurs ayant été placés sur la table spéciale située entre le gazomètre et le régulateur, le vérificateur marque à la craie, sur chacun des compteurs, les indications du tambour des litres avant le commencement de l'opération.

Le gazomètre est alors mis en charge conformément aux prescriptions de l'autorité, et lorsque la règle graduée du gazomètre constate une dépense de gaz de 100 litres, l'on arrête l'émission du gaz; à ce moment le régulateur doit aussi constater l'écoulement de cent litres de gaz.

Le vérificateur relève alors les indications du tambour de chaque compteur, qui doit être revenu, après une révolution entière, au même point de départ à un pour cent près. Tous les compteurs qui se trouvent dans ces conditions de régularité sont mis de côté pour recevoir l'application du poinçon de la préfecture de police; ceux qui dépassent en plus ou en moins cette tolérance, retournent dans les ateliers pour subir le travail nécessaire à la rectification de leur inexactitude.

Lorsque tous les compteurs préparés ont été ainsi vérifiés, l'opération du poinçonnage commence; elle consiste à déposer sur certaines parties du compteur un fort point de soudure sur lequel on applique fortement l'empreinte d'un cachet spécial pendant que la soudure est encore en fusion.

Les parties sur lesquelles on appose le poinçon sont celles qu'il serait indispensable de déplacer si l'on avait l'intention frauduleuse d'altérer la marche du compteur. Ce sont habituellement : l'ouverture qui reçoit la vis de niveau d'eau, et les deux pattes qui relient à la boîte carrée du compteur la petite boîte supplémentaire qui renferme le mouvement d'horlogerie, en ayant soin de faire reposer le point de soudure sur le bord rabattu de la plaque qui ferme la boîte carrée du compteur.

De cette manière il est impossible de changer la situation du niveau d'eau en haussant ou abaissant la position de la vis, et d'altérer le mouvement d'horlogerie en enlevant la boîte vitrée qui le recouvre.

Il est utile de faire observer que les inspecteurs de l'autorité s'assurent par de fréquentes visites de l'exactitude de tous les rouages qui constituent le mouvement, ainsi que de celle de la vis sans fin qui termine l'axe du volant, et de la régularité de l'engrenage qui communique au mouvement l'impulsion reque. Cette précaution est d'autant plus essentielle que la vérification par l'écoulement du gaz ne porte que sur cent litres, c'est-à-dire sur l'une des révolutions du tambour, et ne peut nullement démontrer que toutes les divisions et tous les rapports des engrenages entre eux ne sont pas organisés de manière à induire en erreur sur les quantités de gaz consommées.

Ce contrôle du mécanisme est donc un complément indispensable de la surveillance de l'autorité; il s'exécute du reste avec la plus grande rigueur, de sorte que les consommateurs peuvent être parfaitement assurés de l'exactitude des compteurs poinçonnés comme instruments de mesure.

Comme preuve de l'opération de vérification par lui faite, l'inspecteur de la police doit remettre à la direction de l'éclairage une espèce de procès-verbal de cette opération. C'est un tableau imprimé, divisé en onze colonnes dont nous allons décrire le but pour l'instruction complète de nos lecteurs.

Première colonne. — Numéro de fabrication des compteurs essayés.

L'inspecteur y inscrit les numéros matricules de chaque compteur soumis à la vérification.

Deuxième colonne. — Capacité des compteurs en becs consommant 120 *litres à l'heure.*

Inscrire ici, ainsi que l'indique le titre, le nombre des becs que chaque compteur doit pouvoir alimenter.

Troisième colonne. — Gaz dépensé au compteur régulateur.

La dépense est habituellement de 100 litres, à moins que le régulateur ne soit pas en rapport avec le gazomètre.

Quatrième colonne.— Gaz dépensé au gazomètre.

La dépense doit concorder avec celle du régulateur.

Cinquième colonne.—Gaz dépensé pour chaque compteur essayé.

Le chiffre inscrit doit concorder avec la dépense du régulateur et du gazomètre pour l'exactitude de l'opération; cependant l'autorité tolère une différence de 1 pour 100 en plus ou en moins.

Sixième colonne. — Dépense de gaz accusée par chaque compteur pour 100 *dépensé au gazomètre.*

On inscrit dans cette colonne les indications du compteur, exactes ou non, afin de comparer la dépense indiquée par le tambour avec la dépense réelle.

Septième colonne. — Indication des pressions absorbées par chaque compteur.

La pression que chaque compteur doit absorber pour être mis en action doit varier entre un millimètre et deux millimètres et demi; plus le compteur est sensible aux pressions minimes, plus il facilite l'alimentation des brûleurs.

Huitième colonne. — Numéros des compteurs admis.

Ici se répètent les numéros matricules des compteurs qui réunissent les conditions nécessaires pour assurer un bon fonctionnement.

Neuvième colonne. — Numéro des compteurs refusés.

Cette colonne est destinée à recevoir les numéros matricules des compteurs inexacts dans leurs indications ou qui nécessitent une trop forte pression pour être mis en œuvre; ceux-la ne sont point poinçonnés.

Dixième colonne. — Somme à percevoir pour honoraires et frais de déplacement.

Le poinçonnage est, d'après une mesure récente, la source d'une sorte d'impôt perçu par l'autorité pour couvrir les frais de vérification, il s'élève à 15 centimes par bec et varie dès lors suivant la capacité du compteur.

Onzième colonne. — Observations.

Cette colonne reçoit les observations de toute nature sur les opérations faites, et l'état des mouvements d'horlogerie vérifiés par les inspecteurs.

Comme on le voit, le poinçonnage est bien une vérification sévère, efficace, utile.

Il résulte de cette opération du poinçonnage que tous les compteurs qui ont subi cette formalité doivent être acceptés par tout le monde comme des instruments légaux, de même que les mètres, litres et kilogrammes qui servent au mesurage de tous les autres objets de trafic. Chacun conserve sans doute le droit de faire vérifier son compteur en cas de doute sur la régularité de sa marche, de même que l'on peut faire vérifier l'exactitude des diverses mesures que l'on a l'occasion d'employer; seulement, comme le compteur est le seul témoin de la dette du consommateur envers la Compagnie, il est de toute justice que celle-ci soit appelée à assister à cette vérification.

Lorsqu'un compteur a par hasard besoin de réparations, quelques consommateurs peu scrupuleux, ou même seulement irréfléchis, le font démonter sans prévenir la Compagnie; c'est un tort grave qui peut avoir de fâcheuses conséquences, car la Compagnie peut arguer d'une intention de fraude, la quantité de gaz que l'on brûle sans compteur au moyen du simple raccordement des deux tuyaux d'arrivée et d'émission n'étant enregistrée d'aucune manière, et la Compagnie se trouvant dès lors dans l'impossibilité de réclamer le montant d'une dette, légitime sans doute, mais incertaine dans son chiffre.

Toute tentative qui aurait pour but d'altérer ou de fausser la marche du compteur de quelque manière que ce soit, de consommer du gaz sans qu'il ait passé par le compteur ou sans qu'il en ait mis le mouvement en action, est punie par les tribunaux à l'égal d'un vol, et cela se conçoit : le gaz est une marchandise comme une autre, et se vend à la mesure. Or, consommer du gaz sans le mesurer, quand on n'a pas contracté d'abonnement à l'heure, c'est s'emparer sans contrôle de la marchandise d'autrui, ce qui constitue un vol réel. Les consommateurs ne sauraient donc se montrer trop scrupuleux à cet égard, d'autant plus que l'autorité a entouré la fabrication et la vente des compteurs d'un luxe de prescriptions assez protectrices pour que chacun puisse regarder ces instruments comme des mesures légales en fait et en droit, bien que leur fonctionnement reste caché aux yeux de tous, inconvénient inhérent à la nature même de la marchandise dont ils déterminent les quantités livrées. La capacité des compteurs est réglée sur le nombre des brûleurs qu'ils doivent alimenter, en prenant pour type de la dépense de chacun d'eux, une consommation de 120 litres à l'heure.

On fabrique des compteurs de 3, 5, 10, 20, 30, 50, 60, 80, 100, 150, 200 litres et au delà; la quantité de gaz débitée par heure est donc de 360 litres pour 3 becs, 600 litres pour 5 becs, 1,200 litres pour 10 becs, 2,400 litres pour 20 becs, 3,600 litres pour 30 becs, 6 mètres cubes pour 50 becs, 7,200 litres pour 60 becs, 9,600 litres pour 80 becs, 12 mètres cubes pour 100 becs, 18 mètres pour 150 becs, 24 mètres pour 200 becs, etc. On a aussi fabriqué des compteurs au-dessous de 3 becs, mais l'usage paraît avoir démontré que leur exactitude n'est point rigoureuse. On en fabrique sur commande, mais l'autorité se refuse à les poinçonner.

Le prix de vente des compteurs est généralement uniforme, quel qu'en soit le fabricant ; la seule différence qui puisse exister entre les instruments de telle ou telle fabrique gît tout entière dans la perfection de la main-d'œuvre et le choix des matériaux, l'exactitude étant garantie par le poinçonnage.

Chaque compteur doit être revêtu d'une plaque de cuivre, véritable marque de fabrique, portant le numéro matricule du compteur, l'indication du nombre des becs qu'il doit alimenter, et le nom et l'adresse du fabricant ; des prescriptions nouvelles, qui démontrent suffisamment la sollicitude de l'autorité pour les intérêts des consommateurs, exigent que tout compteur réparé porte une plaque de métal soudée auprès de la marque de fabrique, sur laquelle est écrit le mot : *réparé ;* et pour éviter toute fraude, cette plaque est revêtue du poinçon authentique.

La Compagnie, dans le but de faciliter l'adoption de l'éclairage aux petits consommateurs, leur évite la dépense d'un compteur, en en installant un chez eux à ses frais, moyennant une redevance mensuelle dont nous avons donné le tarif dans la police de la Compagnie parisienne.

Maintenant que nous croyons avoir suffisamment fait comprendre à nos abonnés le mécanisme et le jeu du compteur, pour les édifier complétement sur l'exactitude de cet instrument, il ne nous reste plus à leur faire part que de quelques observations pratiques nécessaires pour éviter tout accident et tout désagrément dans le service de leur éclairage.

Nous avons dit qu'il faut éviter de laisser installer le compteur dans un endroit d'accès difficile ; nous ne saurions trop recommander aux abonnés de le faire placer sinon ostensiblement, du moins dans un lieu où la vérification puisse être facile, et où l'influence de la grande chaleur et du froid ne se fasse point sentir, bien que la ventilation y soit possible. Une bonne position est une condition assurée du fonctionnement régulier du compteur ; elle est encore une ressource en cas d'accident, car si le compteur se trouve à la portée de la main et tout près des lieux éclairés, à la moindre crainte on peut facilement éloigner le danger en fermant le robinet du compteur. En outre une installation ainsi faite a l'avantage de ne pas nécessiter l'approche d'une lumière toutes les fois que l'on a besoin de vérifier l'état du compteur.

Il faut encore, quand on veut introduire de l'eau dans cet appareil, avoir bien soin de fermer le robinet placé sur le tuyau d'arrivée, afin que la pression du gaz ne s'oppose pas au rétablissement exact du niveau d'eau.

Lorsque les aiguilles des divers cadrans du compteur ont achevé d'accomplir leur révolution sur les cadrans, elles recommencent naturellement leur marche. Ainsi un compteur qui n'a que trois cadrans peut indiquer le passage de 1,000 mètres cubes; arrivées à ce chiffre, toutes les aiguilles sont au point 0, c'est-à-dire à leur point de départ primitif, elles recommencent alors le premier parcours; toutefois, ce renouvellement de leur révolution peut dans certain cas jeter le trouble dans l'esprit de quelques consommateurs. Par exemple, si le premier du mois les aiguilles du compteur indiquent une quantité de 981 mètres cubes de gaz consommé, et si à la fin du même mois le relevé des aiguilles donne 25 mètres seulement, il peut arriver qu'un abonné, peu familiarisé avec le mécanisme de l'instrument, croie à un dérangement quelconque, alors que l'instrument sera resté dans son état normal. En effet pour compter la consommation faite dans ce cas, il faudra ajouter aux 25 mètres cubes indiqués la quantité de mètres nécessaire pour atteindre le chiffre 1,000, chiffre par lequel les aiguilles ont dû nécessairement passer avant de recommencer leur marche primitive. Or, de 981 à 1,000 il y a 19 mètres de différence, et comme il faut les ajouter aux 25 mètres indiqués, la consommation réelle aura donc été de 44 mètres cubes de gaz.

Les personnes qui s'éclairent au gaz portatif doivent observer qu'il n'est point nécessaire que la capacité de leur compteur soit égale à celle indispensable pour l'alimentation d'un même nombre de becs au gaz courant.

En effet, le maximum de la consommation de gaz portatif à l'heure étant de 60 litres au lieu de 120, il en résulte qu'un compteur de 3 becs suffit pour alimenter 6 becs de gaz portatif; il en est de même des autres dimensions des compteurs qui avec ce gaz peuvent en débiter la quantité nécessaire au double des becs du gaz courant. C'est là une considération qui a bien sa valeur sous le rapport économique.

CHAPITRE SEPTIÈME

DES APPAREILS.

Il est d'usage, après le tuyau de sortie du compteur, de placer un robinet auquel on a donné le nom de *robinet de sûreté*, à cause des fonctions qu'il est appelé à remplir; ainsi, lorsqu'il est fermé, l'on est assuré qu'il n'y a plus de gaz dans tous les tuyaux distributeurs chargés d'amener le gaz aux brûleurs, par conséquent aucune fuite n'est à craindre; puis, si pendant le temps de l'éclairage une fuite se déclarait et venait subitement à prendre feu, il suffirait de fermer ce robinet pour éloigner tout danger; à cet effet, le robinet doit toujours être placé le plus près possible du compteur, mais toutefois à la portée de la main.

Indépendamment de ces fonctions utiles, ce robinet sert encore à régler avec avantage la pression du gaz; son emploi, fait avec une intelligence qu'une pratique de quelques jours suffit à donner, est susceptible de procurer une certaine économie dans la dépense de gaz. Les abonnés agiront donc sagement en ne se refusant pas à l'installation de ce robinet ; c'est une dépense minime qu'ils se féliciteront plus tard d'avoir faite.

Les tuyaux de conduite chargés de distribuer le gaz à l'intérieur des localités à éclairer sont généralement en plomb ; quelquefois l'on pose des tubes en fer, mais comme cette matière est plus susceptible que le plomb de s'altérer aux impuretés que le gaz entraîne parfois avec lui, son emploi est beaucoup plus rare que celui du plomb ; dans certaines installations de luxe on fait encore usage de tubes en cuivre.

Le diamètre intérieur des tuyaux doit être en rapport avec le nombre des becs de gaz à alimenter. A cet effet, la Compagnie, par une note imprimée au bas de la police d'abonnement, donne les prescriptions nécessaires relativement aux dimensions des tuyaux.

Cette note est ainsi conçue :

« L'abonné est prévenu que, pour obtenir un bon
» éclairage, on doit donner, dans les conditions ordi-
» naires, les diamètres ci-après aux tuyaux distribu-
» buteurs du gaz.

Pour un éclairage de 1 à 10 becs inclusivement.

			mètres.
» Tuyau intérieur du compteur au plafond			0,027
» Tuyau de distribution		de 1 bec. . . .	0,0135
»	d°	de 2 à 5 becs. .	0,0203
»	d°	de 6 à 10 becs .	0,027

Pour un éclairage de 11 à 20 becs.

» Tuyau intérieur jusqu'au plafond. . .	0,034
» Tuyaux de distribution de 1 à 10 becs, » mêmes diamètres que ci-dessus.	
» Tuyaux de distribution de 11 à 20 becs.	0,034

Pour un éclairage de 21 à 30 becs.

» Tuyau intérieur jusqu'au plafond. . . 0,04
» Tuyaux de distribution de 2 à 20 becs,
» mêmes diamètres que ci-dessus.
» Tuyau de distribution de 21 à 30 becs . 0,04

Pour un éclairage de 31 à 50 becs.

» Tuyau intérieur jusqu'au plafond. . . 0,054
» Tuyaux de distribution de 1 à 30 becs,
» mêmes diamètres que ci-dessus.
» Tuyau de distribution de 31 à 50 becs. 0,054

« Les dimensions ci-dessus, ajoute la Compagnie, » devront être proportionnellement augmentées lors- » qu'il s'agira d'un éclairage de plus de 50 becs; » elles devront être également modifiées, selon les » circonstances, lorsque les lieux à éclairer seront » éloignés de la conduite principale de plus de 20 mè- » tres, et lorsque les becs seront placés dans des caves » ou autres emplacements situés en contre-bas du sol » de la voie publique. »

Ainsi, l'abonné devra veiller à ce que, du compteur au plafond, le tuyau ait les diamètres prescrits, et que tous les tuyaux distributeurs soient parfaitement en rapport avec le nombre des becs auxquels ils conduiront le gaz ; si ces tuyaux n'étaient pas dans les dimensions ci-dessus, le gaz pourrait ne pas arriver aux becs en quantité suffisante, l'éclairage ne serait pas dès lors satisfaisant, et l'abonné n'aurait aucun recours dans ce cas contre la Compagnie. Au reste, et c'est ici une précaution malheureusement trop négligée de la part des Compagnies qui n'ont pas procédé elles-mêmes à l'installation des appareils, il serait bien qu'avant de livrer le gaz, la Compagnie s'assurât des dimensions des tuyaux posés, afin d'éviter toute discussion à laquelle leur insuffisance pourrait donner lieu dans l'avenir.

Les tuyaux distributeurs doivent toujours être placés d'une manière apparente dans tout leur développement, suivant les prescriptions de l'article 9 de l'ordonnance de police du 27 octobre 1855 ; et lorsque l'on est forcé de les faire passer au travers d'un mur, d'un pan de bois, d'une cloison, d'un placard, d'un plancher ou d'un vide quelconque, on doit les isoler dans toute la longueur de ce parcours au moyen d'un tuyau de recouvrement d'un diamètre plus fort, et qui devra rester ouvert à ces deux extrémités.

Lors de l'installation des tuyaux de conduites intérieures, on devra veiller à ce que leur distribution soit faite le plus simplement possible, et chercher à arriver aux brûleurs par la ligne la plus directe en évitant, autant que faire se pourra, toutes les contre-pentes.

Au lieu de viser à l'économie en employant les tuyaux du plus petit diamètre, on fera bien au contraire d'excéder les proportions déterminées par la Compagnie, car outre que cela facilite l'accès du gaz, cela évite, dans le cas d'une augmentation d'éclairage, le remaniement des tuyaux installés

Indépendamment de leur inaltérabilité, les tuyaux en plomb ont sur les tubes de fer l'avantage de se prêter avec plus de facilité aux exigences des localités, en se contournant autour des corniches, moulures ou autres ornements, et se perdant dans leurs contours sans nécessiter ni entaille ni raccords. On ne saurait apporter trop de soins au choix des plombs, afin d'éviter les réparations incessantes que des tuyaux de mauvaise qualité nécessitent à chaque instant.

La concurrence qui existe entre les appareilleurs a amené les fabricants de tuyaux de plomb à leur donner le moins d'épaisseur possible, comme aussi à en diminuer le diamètre ; il faut se méfier des plombs trop minces, car, cette matière étant excessivement ductile, pour arriver à leur donner très-peu d'épaisseur sans courir la chance de les voir s'aplatir, quelques fabricants ont imaginé d'y mêler du zinc, ce qui leur communique une certaine résistance ; mais ce mélange a le défaut d'occasionner de fréquentes fissures, et voici comment :

Le plomb se vend aux appareilleurs par couronnes d'un nombre de mètres déterminé ; ceux-ci le livrent aux ouvriers plombiers chargés de l'installation en prenant note des quantités qu'ils leur remettent. Or les ouvriers, pour procéder à la pose des plombs, sont obligés de les redresser ; sous ce prétexte, ils les étirent, de telle sorte qu'ils les allongent, ce qui, en diminuant légèrement leur diamètre intérieur, ne manque pas de produire des gerçures lorsque le plomb n'est pas de bon aloi ; les gerçures font déclarer des fuites, et nécessitent dès lors de nombreuses réparations.

Nous appelons d'autant plus sur ce point l'attention des consommateurs, que l'allongement ainsi produit sur le plomb par l'étirage est fort souvent une manœuvre frauduleuse qui a pour but d'économiser au profit du plombier une quantité notable de plomb dont il tire bénéfice.

Les abonnés feront bien aussi de se méfier des différences de prix qui pourraient leur être faites pour un même travail par plusieurs appareilleurs ; c'est presque toujours au préjudice du diamètre et de la qualité des plombs, et de la perfection dans la main-d'œuvre des appareils que ces rabais sont obtenus. Lorsque l'on a la chance de s'adresser à un appareilleur consciencieux, il faut savoir s'en rapporter à son devis, et ne pas le mettre en concurrence avec ces installateurs sans renom qui ne voient jamais que l'ouvrage du moment, et qui n'ayant pas à sauvegarder une réputation établie, ne se font aucun scrupule d'acheter à vil prix des appareils de rebut qu'ils réparent tant bien que mal, que parfois même ils se contentent de boucher avec de la céruse, et qu'ils vendent comme neufs après les avoir parés d'une peinture fraîche. On comprend que la garantie de pareilles gens serait nulle dans le cas où, postérieurement à l'installation, on viendrait à reconnaître les imperfections de leur travail et de leur marchandise.

Dans les petites villes, l'usage assez ordinaire est que la Compagnie du gaz fournisse et installe elle-même les appareils d'éclairage; c'est une sécurité pour les consommateurs, car l'intérêt bien entendu de la Compagnie est de ne livrer que des appareils exempts de toutes fuites et par conséquent de tout reproche.

Afin de faciliter aux consommateurs la vérification des quantités de plomb qui leur sont livrées, nous allons leur donner le poids par mètre des tuyaux de divers diamètres et de différentes épaisseurs; nous y comprendrons même les tuyaux des diamètres autres que ceux que l'on doit considérer comme réglementaires, car on peut fort bien sortir des limites prescrites lorsque les brûleurs dont on doit faire usage sont des becs de petite dimension dépensant moins de 120 litres à l'heure, évaluation moyenne de la dépense des becs entiers ordinaires; en outre, si l'abonné veut se faire éclairer au gaz portatif, il n'a pas besoin d'employer des tuyaux du diamètre réglementaire pour le gaz courant, attendu que la dépense de gaz à l'heure devant être au moins de moitié moins considérable, des conduites plus petites en diamètre lui suffiront pour l'alimentation de son éclairage.

Tuyaux réglementaires en plomb.

Poids approximatif d'un mètre de conduite du diamètre intérieur de 0m013,

Avec 0m002	d'épaisseur,	kilog.	1.06
0m0025	—		1.38

Poids approximatif d'un mètre de tuyau du diamètre intérieur de $0^{m}020$,

Avec $0^{m}002$	d'épaisseur,	kilog.	1.60
0.0025	—		2.10
0.003	—		2.50

Poids approximatif d'un mètre de tuyau du diamètre intérieur de $0^{m}027$.

Avec $0^{m}002$	d'épaisseur,	kilog.	2.20
0.0025	—		2.70
0.003	—		3.25
0.0035	—		3.80

Poids approximatif d'un mètre de tuyau du diamètre intérieur de $0^{m}034$,

Avec $0^{m}0025$	d'épaisseur,	kilog.	3.40
0.003	—		3.90
0.0035	—		4.80
0.004	—		5.60

Poids approximatif d'un mètre de tuyau du diamètre intérieur de $0^{m}04$.

Avec $0^{m}003$	d'épaisseur,	kilog.	4.70
0.0035	—		5.»»
0.004	—		6.27
0.0045	—		7.13
0.005	—		8.80

Poids approximatif d'un mètre de tuyau du diamètre intérieur de $0^{m}054$.

Avec $0^{m}0035$	d'épaisseur,	kilog.	7.10
0.004	—		9.20
0.005	—		11.40
0.006	—		15.80

Tuyaux de divers autres diamètres.

Un mètre de tuyau du diamètre intérieur de 0ᵐ005 pèse,

Avec	0ᵐ001	d'épaisseur, kilog.	0.22
	0.002	—	0.50
	0.003	—	0.86

Un mètre de tuyau du diamètre intérieur de 0ᵐ006 pèse,

Avec	0ᵐ0015	d'épaisseur, kilog.	0.40
	0.002	—	0.55
	0.0025	—	0.65
	0.003	—	0.90

Un mètre de tuyau du diamètre intérieur de 0ᵐ008 pèse,

Avec	0ᵐ0015	d'épaisseur, kilog.	0.60
	0.002	—	0.80
	0.0025	—	1.05
	0.003	—	1.30

Un mètre de tuyau du diamètre intérieur de 0ᵐ009 pèse,

Avec	0ᵐ002	d'épaisseur, kilog.	0.85
	0.003	—	1.50
	0.004	—	2.»»

Un mètre de tuyau du diamètre intérieur de 0ᵐ010 pèse,

Avec	0ᵐ0015	d'épaisseur, kilog.	0.70
	0ᵐ002	—	0.90
	0.0025	—	1.20
	0.003	—	1.60
	0.0035	—	1.80
	0.004	—	2.20

Un mètre de tuyau du diamètre intérieur de 0m014 pèse,

Avec	0.0015 d'épaisseur,	kilog.	0.90
	0.002	—	1.»»
	0.0025	—	1.60
	0.003	—	1.90
	0.0035	—	2.20
	0.004	—	2.50

Un mètre de tuyau du diamètre intérieur de 0m015 pèse,

Avec	0m003 d'épaisseur,	kilog.	1.94
	0.004	—	2.73
	0.005	—	3.60

Un mètre de tuyau du diamètre intérieur de 0m017 pèse,

Avec	0m0015 d'épaisseur,	kilog.	1.»»
	0.002	—	1.30
	0.0025	—	1.80
	0.003	—	2.20
	0.0035	—	2.55
	0.004	—	3.»»
	0.005	—	3.75

Un mètre de tuyau du diamètre intérieur de 0m025 pèse,

Avec	0m002 d'épaisseur,	kilog.	1.90
	0.0025	—	2.40
	0.003	—	3.»»
	0.0035	—	3.60
	0.004	—	4.20
	0.005	—	5.85

Un mètre de tuyau du diamètre intérieur de 0m03 pèse,

Avec	0m003 d'épaisseur,	kilog.	3.50
	0.0035	—	4.»»
	0.004	—	5.43
	0.005	—	6.83
	0.006	—	8.31

Un mètre de tuyau du diamètre intérieur de 0m033 pèse,

Avec 0m003	d'épaisseur,	kilog.	3.80
0.0035	—		4.30
0.004	—		5.»»
0.005	—		6.50
0.006	—		8.25

Un mètre de tuyau du diamètre intérieur de 0m045 pèse,

Avec 0m0035	d'épaisseur,	kilog.	5.80
0.004	—		6.70
0.005	—		8.90
0.006	—		10.80

Un mètre de tuyau du diamètre intérieur de 0m05 pèse,

Avec 0m004	d'épaisseur,	kilog.	7.40
0.005	—		9.80
0.006	—		11.98
0.007	—		14.85

Un mètre de tuyau du diamètre intérieur de 0m06 pèse,

Avec 0m004	d'épaisseur,	kilog.	10.26
0.005	—		12.75
0.006	—		15.30
0.007	—		17.92

Au moyen de ces données le consommateur pourra facilement vérifier le prix de ses tuyaux de conduites en multipliant leur poids total par le cours du plomb à l'époque de l'achat.

En procédant à l'installation des tuyaux de conduites, on devra avoir soin de leur donner une inclinaison uniforme dans la direction du compteur, afin d'éviter que les eaux de condensation que le gaz entraîne presque toujours avec lui ne se déposent dans une contre-pente et ne finissent, en formant bouchon, par obstruer le passage et interrompre l'éclairage, ou par produire cette oscillation de la lumière que l'on appelle la *danse du gaz*.

Lorsque les contre-pentes seront inévitables, il faudra nécessairement adapter à la partie la plus basse de la contre-pente un petit appareil que l'on nomme habituellement, mais à tort, un *siphon*. Cet appareil n'est autre chose qu'un bout de tuyau terminé à son extrémité inférieure par un robinet que l'on ouvre lorsque l'on veut purger la conduite des obstacles qui s'y trouvent agglomérés. Nous dirons au chapitre des *Irrégularités de l'éclairage* par quels procédés on purge les tuyaux de conduites.

L'organisation de l'éclairage d'une localité quelconque demande toujours une étude préalable qu'un appareilleur capable ne manque jamais de faire avant de procéder à l'installation du gaz. Il importe en effet de distribuer la lumière le plus avantageusement possible et aussi avec la plus grande économie, afin d'éviter des dépenses d'installation trop dispendieuses ; aussi l'entente de la parfaite distribution d'un éclairage est-elle l'une des plus appréciables qualités d'un appareilleur.

Une fois que l'on a arrêté son choix sur un appareilleur, il faut déterminer l'organisation à donner à l'ensemble de l'éclairage des localités où l'on désire introduire le gaz. A cet effet, si l'on n'a point déjà quelque teinture des connaissances spéciales, il faut s'en rapporter à son appareilleur sur le genre d'appareils qui convient le mieux.

En général, les appareils sont de deux natures : mobiles et fixes.

Les appareils mobiles ont pour but de suppléer à la faculté, que possèdent les flambeaux et les lampes à éclairage portatif, de se transporter d'un point à un autre, de façon à éclairer de différentes manières un objet quelconque dont on ne veut point changer la position : tels sont les genouillères à un, deux ou trois mouvements, suivant la dimension du périmètre à éclairer, les chandeliers à gaz, que l'on fait mouvoir dans tous les sens au moyen d'un tube de caoutchouc auquel on peut donner autant de longueur qu'on le désire, en ayant soin d'observer toutefois que le tube ait un diamètre intérieur d'autant plus fort qu'il aura plus de développement. On compte encore, parmi les appareils mobiles, les suspensions à tige articulée, hydraulique ou non, qui permettent d'abaisser ou d'élever la lumière suivant les besoins : tels sont en grand, les lustres de théâtre, et en petit, certains appareils de salles à manger et de bureaux.

Les appareils fixes varient suivant les usages auxquels ils sont destinés ; on a imaginé des appareils à gaz pour toutes les destinations possibles. On en fabrique de verticaux comme les lampes carcel : telles sont les lampes de magasin, qui s'installent sur les comptoirs; de latéraux, comme les bras de toute forme et de toute dimension installés contre les murs à la manière des lampes-appliques ou des porte-bougies ; de suspendus, tels que les lyres, les tés, les lampes de billards, de montres extérieures et intérieures, les lustres, etc., etc.

Aussi, dans le choix des appareils qui lui sont nécessaires, recommandons-nous expressément au consommateur de se laisser guider par l'expérience du fabricant auquel il aura confié le soin de l'organisation de son éclairage.

Lorsque l'on devra placer des appareils à gaz dans une montre ou étalage quelconque, il faudra surtout observer que cette montre ne soit pas entièrement close, afin d'éviter les accidents que pourraient produire l'effusion du gaz non brûlé dans un espace hermétiquement fermé.

Une excellente précaution à prendre encore, c'est de faire ventiler avec soin les locaux éclairés au gaz; outre l'avantage qu'une ventilation bien organisée peut offrir relativement à la grande chaleur répandue par la combustion du gaz, chaleur d'autant plus intense que la lumière est plus abondante, un bon système de ventilation rend encore de très-importants services au point de vue de l'hygiène, en procurant l'évacuation facile des produits de la combustion qui, sans cela, se répandent à l'intérieur et sont susceptibles d'occasionner des désagréments que l'on peut éviter à peu de frais.

Le choix des fumivores qu'il est d'usage de placer au-dessus des brûleurs dans les appareils qui ne comptent qu'un petit nombre de flammes mérite aussi l'attention. On fabrique des fumivores en cuivre, en émail, en porcelaine, en verre.

En ayant soin de prendre, dans l'installation d'un éclairage, toutes les précautions ci-dessus indiquées, on se convaincra facilement que l'usage du gaz est susceptible d'une infinité d'applications qu'il serait trop long d'énumérer ici ; qu'il suffise à nos lecteurs de savoir que l'on peut porter le gaz partout, et que chaque localité, chaque destination a des appareils spéciaux ; tous les besoins ont été prévus.

CHAPITRE HUITIÈME.

DES BECS OU BRULEURS.

Au nombre des notions à la connaissance desquelles le public n'a jamais été initié il en est une qui a pour but l'étude de la consommation du gaz au moyen des divers brûleurs inventés, et de l'intensité de la lumière que l'on peut obtenir de chacun d'eux. Savoir régler la consommation du gaz d'après l'usage que l'on doit faire de la lumière, est à notre avis l'un des points les plus importants, tant sous le rapport de l'économie que sous celui du progrès qu'une connaissance exacte du rapport qui existe entre les becs, leur consommation et leur intensité, doit imprimer à l'application du gaz à tous les usages domestiques.

En ceci, comme en toute autre chose; entretenir l'ignorance du public serait poser une barrière infranchissable aux progrès de l'industrie exploitée. L'éclairer sur ses véritables intérêts ce serait, au contraire, reculer à l'infini les limites du possible, et vulgariser l'application des produits de l'industrie du gaz au point de changer un objet de luxe en un objet de nécessité première.

Sans doute le public n'ignore pas que l'on consomme le gaz au moyen de brûleurs de diverses formes. Il a constamment sous les yeux des becs ronds dans les magasins, des becs *papillon* sur les voies publiques, des becs *bougie* dans quelques escaliers et sur les lustres de nos théâtres, des becs *manchester* et sur les lustres et dans les usines; et il sait bien que la quantité de gaz consommée par ces divers becs ne peut pas être la même.

Mais ce qu'il ignore, c'est le rapport qui existe non-seulement entre ces becs, mais encore entre l'intensité de la lumière qu'ils fournissent à consommation égale. Il s'imagine qu'il lui suffit de prendre un bec d'une dimension moindre pour obtenir une diminution de lumière et de consommation égale à la différence qui existe entre les becs, et il lui arrive souvent d'obtenir, avec une diminution de lumière plus grande que celle prévue, une augmentation dans la consommation du gaz. Alors, ne sachant comment résoudre le problème qu'il s'est posé dans un désir d'économie, ou il se résigne à regret à une dépense inutile, ou il supprime le gaz comme trop dispendieux, dans des moments où il lui serait le plus agréable d'avoir de la lumière.

Il est donc nécessaire de lui fournir à cet égard tous les renseignements de nature à lui faciliter l'application du gaz à tous les genres d'emplois qu'il peut vouloir en faire; et ces renseignements lui doivent être donnés, dépouillés autant que possible des formules qui demandent des études préalables pour être comprises ; il lui faut à ce sujet des données claires et précises qui le familiarisent avec le gaz comme il l'est avec la chandelle et la bougie.

Il faut que l'artisan qui a besoin pour ses travaux d'une, deux ou plusieurs chandelles, puisse se dire : En employant tel bec de gaz et en réglant la flamme de telle manière, j'obtiendrai une clarté suffisante et je réaliserai telle économie sur mon luminaire, tout en supprimant les soins que réclament les chandelles et les accidents dont elles peuvent être la cause.

Certes, si nous envisagions la quantité innombrable des becs de diverses formes qui ont été imaginés dans le but d'économiser le gaz, tout en augmentant son intensité lumineuse, nous reculerions devant l'énormité de la tâche que nous nous sommes assignée; mais comme ces inventions sont d'un emploi fort rare, bien que leurs auteurs, dans leur enthousiasme paternel, les aient déclarées d'une utilité incontestable, nous nous bornerons à parler des brûleurs qui sont d'un usage fréquent et journalier. Nous indiquerons leur forme, leurs dimensions, celle de leurs ouvertures, et la hauteur à donner à leur flamme, suivant l'intensité de lumière à obtenir, en comparant cette intensité à celle des bougies d'acide stéarique dites de l'*Etoile*, de cinq au demi-kilogramme, et sortant de la fabrique de M. de Milly.

Il sera facile de comparer cette intensité à celle des lampes Carcel brûlant 42 grammes d'huile à l'heure et des chandelles, car le rapport entre ces trois points de comparaison est celui-ci :

Lampe Carcel....................	100
Bougie..........................	14.30
Chandelle.......................	10.66

C'est-à-dire que la lampe Carcel donne une lumière égale, soit à celle de sept bougies environ (6.993), soit à celle de neuf chandelles un tiers à peu près (9.30).

Classification des becs.

Les brûleurs ou becs au moyen desquels on consomme le gaz sont construits, quelle que soit leur forme, d'après un principe unique. Ce principe est que la décomposition ou, pour mieux dire, la combustion du gaz est d'autant plus active et plus complète que la flamme offre de plus nombreux points de contact avec l'oxygène contenu dans l'air atmosphérique. Nous croyons inutile de reproduire ici les théories sur lesquelles est établi ce principe.

Ce point posé, nous distinguerons les brûleurs d'après l'étendue de la surface que leur flamme offre au contact de l'air, et l'activité de l'action que ce dernier opère sur la flamme.

Dans les anciens modes d'éclairage, la chandelle, la bougie et les lampes à huile, la flamme affecte trois formes bien distinctes.

Les chandelles et les bougies produisent une flamme en forme de fuseau allongé, dont l'enveloppe extérieure est arrondie et se trouve en contact avec l'air atmosphérique.

Les lampes à mèche plate donnent une flamme aplatie, large et mince. Son enveloppe extérieure est bien seule en contact avec l'air, mais les points de contact sont multipliés par la forme aplatie de la flamme.

Les lampes à becs cylindriques, dit becs d'Argand, produisent une flamme circulaire dont l'enveloppe intérieure et celle extérieure sont toutes deux en contact avec l'air. Cette disposition a fait nommer ces becs : *becs à double courant d'air*. En outre, la forme même de ces brûleurs constitue une espèce de tirage plus ou moins actif, suivant la dimension du courant d'air, tirage dont l'efficacité est complétée par la cheminée cylindrique de verre dont on entoure la flamme.

La flamme du gaz se produit, suivant les brûleurs, dans des conditions de forme à peu près identiques ; nous pouvons donc établir, d'après son aspect, trois catégories de brûleurs bien distinctes :

1° Becs à courant d'air simple, extérieur, à flamme en fuseau imitant celle de la bougie ;

2° Becs à courant d'air extérieur très-développé par suite de la forme aplatie de la flamme ;

3° Becs à double courant d'air, extérieur et intérieur.

Il résulte de l'application du principe qui préside à la combustion du gaz, que cette combustion est imparfaite avec les brûleurs de la première catégorie; qu'elle s'opère dans de meilleures conditions avec ceux de la deuxième; qu'enfin elle est aussi parfaite que possible avec les becs à double courant d'air.

Les brûleurs de la première catégorie sont appelés

becs *bougie*, à cause de la conformation de leur flamme. Le gaz, dans ces becs, s'échappe par un seul orifice verticalement percé dont les dimensions varient. On a essayé de donner plus d'éclat à ce bec en le perçant de trois trous placés en triangle ; mais, ainsi que nous le verrons, le résultat n'a point répondu à l'espérance conçue. En effet, on ne changeait rien à la forme de la flamme, qui n'offre que peu de points en contact avec l'oxygène de l'air, et l'on augmentait la quantité de gaz à consommer, de façon que la combustion, qui déjà n'est pas parfaite avec un seul trou, était en quelque sorte moins parfaite encore avec trois, l'affluence du gaz n'étant point en rapport avec la quantité d'air nécessaire pour en alimenter la combustion.

Dans les brûleurs de la deuxième catégorie l'émission de la flamme se fait de deux manières :

1° Par une fente,

2° Par deux trous.

Les becs fendus ont reçu en France les noms de becs *papillon*, *éventail*, *aile de chauve souris*, et en Angleterre celui de *bat's wing*.

Les becs à deux trous sont nommés becs *manchester*, et en Angleterre *fish-tail*. Les deux trous sont cylindriques, inclinés l'un vers l'autre, et leur orifice supérieur aboutit à une petite cuvette formée par le dessus du bec. L'émission du gaz a lieu par ces deux ouvertures ; les deux jets de flamme se heurtent à leur naissance et s'étalent en nappe lumineuse d'un fort bel effet.

La description des brûleurs de la troisième catégorie est en tout semblable à celle des becs de lampe inventés par Argand, dont ils ont reçu le nom. Ils sont formés de deux cylindres concentriques unis à la partie supérieure par un anneau de métal, fer, acier ou bronze. Cet anneau est percé d'un certain nombre de trous par lesquels le gaz se présente à la combustion de manière à former une flamme de forme cylindrique sans interruption. On construit aussi des brûleurs en porcelaine.

On varie le nombre des trous des becs d'Argand, et nos expériences démontreront quels sont ceux dont l'usage est le plus avantageux. On fabrique aussi des becs d'Argand dans lesquels l'anneau percé de trous est remplacé par une fente circulaire.

Le courant d'air intérieur des becs doit être un cône tronqué et renversé.

Ces becs doivent toujours être munis d'une cheminée de verre, de forme généralement cylindrique, dont le diamètre et la hauteur varient suivant les dimensions du brûleur.

Les becs *bougie*, *papillon* et *manchester* n'exigent point de cheminée.

On a imaginé de nombreuses modifications dans le but de produire une plus grande intensité de lumière, tout en apportant le plus d'économie possible dans la consommation du gaz ; nous passerons en revue celles de ces inventions que l'usage a sanctionnées.

Consommation des becs.

Indépendamment du diamètre des orifices par lequel le gaz est livré à la consommation, diamètre dont l'influence n'a pas besoin d'être expliquée, il existe un certain nombre de causes qui font varier la quantité de gaz consommée par un même bec dans un espace de temps donné.

Ces causes, les voici :

1° Densité du gaz ;
2° Variations dans la pression ;
3° Affluence de l'air atmosphérique ;
4° Dimension des flammes ;
5° Propreté du brûleur.

La densité du gaz est en raison directe de son pouvoir éclairant ; on comprendra sans peine que moins un gaz aura de densité, plus son effusion sera rapide.

La pression que l'on opère sur le gaz pour le forcer à se rendre du gazomètre aux becs varie naturellement suivant le nombre des becs ouverts; il en résulte que le gaz s'échappe avec une force proportionnée et à la pression et à la quantité des brûleurs en combustion.

L'affluence de l'air atmosphérique influe plus particulièrement sur les becs ronds à double courant d'air. L'expérience constate que plus le diamètre du courant d'air intérieur des brûleurs est grand, plus la consommation de gaz est élevée.

La dimension des flammes influe nécessairement sur la quantité de gaz consommée, puisque c'est de cette même quantité qu'elle dépend. Ainsi, par exemple, un bec bougie à un jet donne les résultats suivants.

Hauteur du jet.		Consommation par heure.
0m02	—	9 litres
0m04	—	16
0m06	—	24
0m08	—	32
0m10	—	41
0m12	—	50
0m14	—	60

Dans nos expériences, nous ne relaterons pas les différences de consommation qui résultent des diverses dimensions de la flamme; nous nous contenterons seulement d'indiquer les dimensions les plus avantageuses.

Quant à la propreté des brûleurs, nous croyons inutile d'insister sur ce point, le consommateur comprendra assez, à l'usage, de quelle importance il est pour lui de maintenir les becs en parfait état, les obstructions détruisant presque entièrement l'effet lumineux des brûleurs.

Ces préliminaires posés, nous allons indiquer en moyenne la consommation de chaque bec par heure en faisant connaître les dimensions ordinaires de la flamme produite.

Becs bougie.

Les brûleurs dits becs bougie sont ceux que nous avons classés dans la première catégorie des becs sous la dénomination de *becs à courant d'air simple, extérieur, à flamme en fuseau imitant celle de la bougie.*

Ils se composent tantôt d'un jet unique de gaz, tantôt de trois jets groupés en triangle, mais, dans l'un comme dans l'autre cas, ce sont toujours les becs les plus désavantageux que l'on puisse employer.

En effet, leur flamme maigre, allongée, a besoin d'atteindre à une hauteur de 14 centimètres pour donner une intensité utilisable, encore le premier tiers de sa hauteur est-il entièrement bleu et par conséquent sans valeur comme lumière.

Dans ces proportions, les becs bougie à un seul jet nous ont presque constamment donné une intensité d'environ deux bougies stéariques de l'Etoile, avec une dépense qui variait de 50 à 60 litres de gaz à l'heure.

Les becs à trois jets, avec les mêmes proportions de flamme, restaient dans les mêmes limites de consommation et d'intensité. Seul un bec à trois jets de Frère a atteint avec la même dépense de gaz une intensité égale à celle de trois bougies.

En général ce genre de brûleurs s'emploie principalement comme éclairage d'ornement ; il produit en réalité un fort bel effet lorsqu'il est réuni en groupes dans les bras, les lustres ou les candélabres; mais employé isolément il est complétement sans valeur et ne peut guère servir que comme allume-pipe ou comme veilleuse.

Becs fendus dits becs papillon.

En général le bec papillon n'est pas un des plus avantageux; outre les solutions de continuité qu'offre sa flamme quand le brûleur n'est pas entretenu avec le plus grand soin, le gaz sort avec trop d'impétuosité pour que le carbone soit entièrement brûlé.

Voici les résultats obtenus à la pression moyenne de 15 millimètres avec les becs de M. Maunoury.

N° 1	dépense	25 litres,	intensité	0. » bougies
N° 2	—	50	—	1.15
N° 3	—	75	—	2.75
N° 4	—	100	—	3.72
N° 5	—	125	—	5.67
N° 6	—	150	—	7.11
N° 7	—	175	—	8.68
N° 8	—	200	—	12.25
N° 9	—	225	—	13.93
N° 10	—	250	—	18.55

(Le gaz, au jour de l'expérience, était de bonne qualité.)

A la seule inspection de ces résultats, on peut se convaincre que les plus fortes consommations sont les plus avantageuses, et que les premiers numéros sont les plus défavorables sous le rapport de l'intensité.

Ce genre de becs est partout employé pour l'éclairage public et pour tous les éclairages extérieurs; mais il pénètre peu dans l'intérieur des habitations; le public, qui cherche à économiser, a besoin de trouver la plus grande somme de lumière avec le moins de dépense possible, chose difficile à réaliser avec le bec papillon.

On a tenté encore de créer une série de dix numéros en fonte de fer dont la fente augmenterait successivement de dixième en dixième de millimètre ; mais c'est là une base anormale qui change la nature des brûleurs sans amener une amélioration uniforme.

Nous ne parlerons pas ici des diverses combinaisons dont le bec papillon a été l'objet, telles que les becs à deux têtes, à deux fentes parallèles, à trois fentes, etc., etc., ce serait sortir pour le moment de notre cadre, ces brûleurs n'étant pas encore devenus d'un usage général.

Becs manchester.

Dans les becs manchester, l'émission de la flamme a lieu par deux trous inclinés l'un vers l'autre et dont l'orifice supérieur s'ouvre au fond d'une petite cuvette pratiquée sur la surface du brûleur ; il résulte de cette disposition que les deux flammes, qui trouvent issue par ces deux trous, se rencontrent, s'aplatissent l'une contre l'autre et forment ainsi une flamme unique, plate, large, et n'offrant dans toute son étendue qu'une nappe lumineuse non susceptible de solutions de continuité, comme cela arrive souvent avec les becs papillon dont la fente s'obstrue à la moindre poussière. C'est là, sans contredit, un des avantages du bec manchester dont les trous, surtout dans les numéros élevés (et nous verrons tout à l'heure que ce sont précisément ceux que l'on emploie le plus fréquemment), ne s'encrassent pas avec facilité.

Du reste, lorsqu'il arrive que l'un d'eux est obstrué, l'on s'en aperçoit tout de suite ; le jet unique qui s'échappe du brûleur prend une direction oblique et ne produit qu'une lumière relativement insignifiante. Dans ces occasions-là, une épingle, ou une aiguille, suffit pour remettre le brûleur dans son état normal.

Le seul inconvénient sérieux que présente le bec manchester est de ne pouvoir résister à une certaine pression. En effet, quand la pression s'élève au delà des limites moyennes, la flamme s'allonge et tourbillonne impétueusement en faisant entendre un sifflement particulier ; le seul remède à apporter en ce cas-là est de resserrer le passage du gaz en fermant le robinet jusqu'au point où le sifflement cesse ; alors la flamme reprend l'éclat qu'elle avait perdu avec sa tranquillité.

Les gros becs sont les plus sensibles à l'influence de la pression ; il en est même parmi eux qui ne résistent pas à une pression de 10 millimètres, et c'est précisément ce défaut qui a toujours fait éloigner le bec manchester de l'éclairage de la voie publique.

Nous savons bien que des fabricants ont prétendu exécuter des becs manchester exempts de ce défaut et résistant fort bien aux plus fortes pressions ; mais nous avouons qu'il nous a été impossible jusqu'à présent de mettre la main sur de pareils brûleurs.

Il n'est qu'une circonstance dans laquelle ces brûleurs conservent, malgré la pression, toute la tranquillité de leur flamme, c'est lorsqu'on les emploie avec des appareils dits à basse pression.

La flamme des becs manchester est généralement moins large que celle des becs papillon, mais elle est plus nourrie, plus épaisse, elle offre par conséquent un foyer fixe et intense, facile à déterminer, et dès lors parfaitement propre à la réflexion par les courbes mathématiques.

On ne peut donner une idée plus nette de sa conformation qu'en la comparant à une queue de poisson, ainsi que l'ont fait du reste les Anglais, qui donnent à ce brûleur la dénomination de *fish-tail*.

Dans les premiers numéros, la flamme est taillée en brosse régulière, mais au fur et à mesure que la dépense augmente, la flamme forme deux petites cornes et souvent la partie centrale se développe et dépasse de beaucoup les cornes de ses angles, surtout lorsque la pression est près d'atteindre le point extrême où le sifflement commence.

Lorsqu'au contraire elle creuse au milieu et se développe vers ses pointes, le foyer lumineux est déplacé; il semble se diviser en deux parties, et le degré d'intensité diminue d'une manière sensible.

Il faut donc rejeter expressément les brûleurs dont la flamme est ainsi conformée, et éviter les fortes pressions; il est nécessaire que la flamme soit fixe, calme, bien taillée, soit en brosse, soit légèrement arrondie; ce sont les meilleures conditions dans lesquelles on puisse utilement employer les becs manchester.

Il en est de même avec ces becs, comme avec les becs papillon : les petites consommations de gaz ne fournissent aucune lumière utile, à moins que l'on n'emploie des gaz riches ou carburés. Mais avec le gaz courant ordinaire les numéros les plus élevés sont les plus avantageux.

Les becs manchester sont aujourd'hui d'un usage fort répandu; la forme élégante de leur flamme qui brûle fort bien sans verres les a fait rechercher. On les emploie aux lustres, bras, candélabres, et bien qu'à dépense égale leur intensité lumineuse soit moindre que celle des becs ronds, on les substitue souvent à ceux-ci; la modicité de leur prix, la facilité de leur entretien, entrent bien pour quelque chose dans la vogue, méritée du reste, dont ils jouissent.

Voici les résultats obtenus à la pression de 15 millimètres avec les brûleurs fabriqués par M. Maunoury.

Becs manchester.

N° 1	dépense	25 litres,	intensité	0. »	bougies
N° 2	—	50	—	1.03	
N° 3	—	75	—	2.10	

N° 4	dépense	100 litres,	intensité	3.70	bougies
N° 5	—	125	—	6.75	
N° 6	—	150	—	9.15	
N° 7	—	175	—	10.25	
N° 8	—	200	—	13.05	
N° 9	—	225	—	14.90	
N° 10	—	250	—	21.80	

Le bec manchester, on le voit, offre cette particularité, qu'à partir du n° 5 inclusivement l'intensité obtenue est plus forte à dépense égale qu'avec le bec papillon ; c'est un avantage de plus à joindre à ceux que nous avons déjà énumérés.

Par contre, pour employer utilement les manchester nos 9 et 10 à la pression de 15 millimètres, et même à une pression supérieure, sans craindre le sifflement, il faut faire usage de porte-becs d'un diamètre intérieur plus fort que celui des porte-becs ordinaires, et en même temps plus longs; il faut, autant que possible, les monter sur des chandelles semblables à celles des lanternes de ville.

Becs en stéatite.

On construit en stéatite des becs fendus et des becs manchester.

Ces brûleurs n'ont pas été essayés à une pression uniforme, car on se fût aperçu de leur graduation irrégulière; mais c'est pour le fabricant un travail tout aussi facile que celui auquel s'est livré M. Maunoury sur les becs en métal, et nous n'en parlons ici que parce que nous désirons vivement arriver à une uniformité nécessaire.

Nous avons donc dû les expérimenter à une consommation croissante de vingt-cinq en vingt-cinq litres

L'intensité que l'on obtient de ces brûleurs, soit fendus, soit manchester, ne le cède en rien à celle des brûleurs en métal.

Nous avons remarqué, dans nos expériences, que les becs papillon en stéatite offrent une fixité de flamme remarquable; mais il ne faut pas, ainsi que l'a fait leur inventeur, M. Schwartz, attribuer cette fixité à la matière dont sont fabriqués les brûleurs, mais bien à la dimension fort petite de leur forage intérieur.

Becs à double courant d'air.

Les becs à double courant d'air, autrement dit les becs d'Argand, que l'on exécute pour l'éclairage au gaz, ont été l'objet d'une infinité de recherches et, par suite, de perfectionnements.

Dès le principe, on imagina de faire sortir le gaz du brûleur par une multitude de jets égaux, placés à égale distance les uns des autres et formant un cercle parfait. Le nombre de ces jets a varié avec le diamètre du bec et avec l'importance de l'économie que l'on a cru pouvoir réaliser par ce moyen.

Puis, l'on s'est imaginé de substituer aux jets séparés, une fente circulaire continue.

Nous avons donc à étudier deux natures de brûleurs à double courant d'air : 1° les becs à jets; 2° les becs à fente circulaire.

Becs à jets.

Avant d'entrer dans la description des divers brûleurs inventés, nous éprouvons le besoin d'établir quelques principes dont nous croyons l'application nécessaire pour obtenir, avec une combustion parfaite, le plus possible d'intensité lumineuse.

La consommation d'un bec d'Argand dépend presque entièrement du plus ou moins d'accès que l'on donne à l'air atmosphérique ; il est donc extrêmement important d'étudier la dimension du courant d'air intérieur, et de doser la quantité d'air qui doit alimenter la flamme en passant par les deux courants d'air, extérieur et intérieur.

Presque tous les perfectionnements apportés aux becs primitifs n'ont pour but que ce dosage opéré dans des conditions plus ou moins parfaites.

Le premier bec d'Argand qui fut construit pour l'éclairage se composait et se compose encore de deux tubes concentriques réunis à leur extrémité inférieure, et portant à leur extrémité supérieure une rondelle métallique percée de trous ; cet ensemble était supporté par deux petits tubes en fourche, aboutissant à un raccord à vis destiné à relier le brûleur aux appareils d'éclairage, et servant à conduire le gaz aux orifices de combustion. Le brûleur était, en outre, entouré d'une galerie découpée et à griffes relevées, pour supporter la cheminée de verre ou de cristal.

L'air affluait au bec de deux manières : 1° par les découpures de la galerie, il venait alimenter l'extérieur de la flamme ; 2° par l'espace libre au milieu du tube intérieur, il se rendait à l'intérieur de la flamme et lui donnait l'ampleur nécessaire en équilibrant en quelque sorte l'opération de la combustion.

Et, en effet, pour se convaincre de la nécessité de doser dans une proportion convenable la quantité d'air qui doit alimenter un bec, il suffit de faire l'expérience suivante :

Un brûleur étant allumé, si avec le doigt, ou de quelque autre manière que ce soit, vous bouchez le courant d'air intérieur, la flamme se rétrécira immédiatement, prendra une teinte jaune à la base, rousse à la partie supérieure, et s'allongera d'une manière disgracieuse en projetant une fumée désagréable. L'intensité lumineuse sera très-forte sans doute, comparée à celle d'une flamme parfaitement blanche, mais l'équilibre étant détruit entre les deux courants d'air, la combustion se fera d'une manière très-imparfaite.

Cela fait, au moyen d'anneaux concentriques, par

exemple, donnez à l'air accès à l'intérieur de la flamme par une petite ouverture, et vous verrez la flamme se rétrécir, et la dépression diminuer ; en un mot, la flamme prendra d'autant plus de corps ou d'ampleur que vous laisserez un plus facile accès dans l'intérieur à l'air atmosphérique ; et quand le dosage sera parfait, au sortir du brûleur la flamme s'arrondira gracieusement à la façon des tulipes et se terminera à sa partie supérieure d'une manière uniforme.

Un autre point à considérer, et qui a bien son importance quand il s'agit d'obtenir la flamme la plus pure et la plus éblouissante possible, c'est de diriger le courant d'air extérieur sur la naissance même de la flamme.

Voyez le bec d'Argand muni seulement de sa galerie et de sa cheminée : une grande partie de la flamme est bleuâtre, et le reste, livré aux caprices de l'air directement appelé de la galerie par la cheminée, possède une inconstance, si nous pouvons nous exprimer ainsi, qui rend la lumière du gaz fatigante à l'œil.

Les fabricants jaloux d'obvier à ce défaut ont imaginé de placer dans la galerie un cône de métal pour diriger l'air sur la flamme ; mais comme la plupart d'entre eux ne procèdent que par tâtonnements, à la manière des anciens alchimistes, il en résulte qu'ils n'ont produit le plus souvent qu'un étranglement insignifiant ; et en effet, les uns font un cône qui ne s'élève pas plus haut que le bec, les autres le font cesser au-dessous en le recourbant, d'autres l'évasent; bref, ils prouvent par la diversité de leurs tentatives que s'ils entrevoient le but, ils ne comprennent pas le moyen de l'atteindre.

Pourtant cette théorie de l'alimentation a été admirablement décrite par M. Berthault-Ducreux, ingénieur ; chacun peut la lire dans son brevet particulier. Mais qui se donne la peine de consulter les archives de l'industrie du gaz ? Il est vrai que c'est un travail long et pénible ; aussi l'expérience d'autrui est-elle complétement perdue pour les travailleurs actuels, et voyons-nous en conséquence breveter chaque jour des moyens abandonnés depuis longtemps par leurs inventeurs primitifs.

Il faut donc diriger le courant d'air extérieur sur la base de la flamme soit par un cône supérieur au bec et recourbé, soit par tout autre moyen possible. La théorie livre à l'industrie le principe, c'est à la pratique à en rechercher le mode d'exécution.

La dimension des cheminées qui servent à renfermer la flamme est encore une condition de la plus haute importance pour la perfection de la combustion.

Suivant l'ancien cahier des charges des Compagnies jadis chargées de l'éclairage de Paris, la hauteur de la cheminée des becs d'Argand ne devait pas excéder 20 centimètres ; mais cette prescription, qui s'appliquait aux becs des abonnés à l'heure, cessait d'être exigée pour les abonnés au compteur ; et cela se conçoit.

Le bec à l'heure avait une dépense limitée, et l'intérêt des Compagnies était de ne permettre à ses abonnés aucun moyen d'activer la combustion, c'est-à-dire d'augmenter la dépense ; dès lors l'emploi des hautes cheminées était proscrit, parce que le tirage actif qu'elles opèrent précipite la combustion et augmente d'une manière sensible la consommation du gaz.

Mais cette leçon donnée par les Compagnies a été perdue pour tout le monde, et chacun, à l'envi, s'est empressé de prendre de hautes cheminées sous le prétexte qu'elles permettaient de donner plus de développement à la flamme. Puis les fabricants de cristaux, qui les vendaient plus cher et gagnaient par conséquent davantage, n'ont pas manqué de raisons pour persuader le public, et les longues cheminées ont prévalu.

C'est tout simplement une erreur qui s'est accréditée.

Une cheminée courte et prenant, s'il est possible, la même forme que la flamme, mais sur un plus grand diamètre, est la cheminée la plus propice au développement de l'intensité lumineuse, en même qu'elle concourt avec l'accès de l'air à la tranquillité et à la régularité de la flamme.

Ces trois principes bien établis et parfaitement compris de nos lecteurs, à savoir :

Dosage précis de l'air atmosphérique ;

Sa direction, à l'extérieur, sur la naissance de la flamme ;

Et emploi des cheminées de petites dimensions sous le rapport de la hauteur ;

Examinons comment les fabricants spéciaux les ont mis en pratique pour la plus grande réussite de leurs inventions particulières.

Le premier brûleur qui appelle notre attention est le bec d'Argand ordinaire, c'est-à-dire le bec réglementaire dépensant 120 litres de gaz à l'heure.

C'est tout uniment le bec primitif que nous avons décrit plus haut, garni seulement d'une galerie et d'une cheminée de 20 centimètres, et ne donnant qu'une flamme de 8 centimètres de hauteur.

Dans ces conditions-là le bec ne brûle qu'à 3 millimètres 1/2 de pression, et son intensité réglementaire doit être celle de neuf bougies et demie.

Plusieurs fabricants exécutent ce bec ; mais, nous devons le dire, ils apportent à sa confection une incurie remarquable ; la concurrence est si grande à ce sujet et le prix en a subi de telles atteintes, que c'est à peine si ces becs sont convenablement épinglés ; il en est même que nous n'avons pas pu faire brûler à 8 centimètres de flamme, malgré une pression de 18 millimètres.

Il faut le dire aussi, chaque fabricant est inventeur d'une disposition toute particulière de becs, et, par suite, possesseur de brevets spéciaux. Il en résulte que la concurrence étant impossible sur ces dispositions, l'attention du fabricant se reporte tout entière sur le brûleur qui porte son nom et qui, doué de certaines vertus, se vend plus cher et lui rapporte davantage. De là, la négligence dont les becs ordinaires sont l'objet.

L'esprit d'économie a fait construire des becs ordinaires de diverses dimensions. On en a fait à 10, 12, 16 et 20 jets ; mais l'attente des consommateurs a été trompée, et le résultat pratique a prouvé d'une manière évidente que s'il était possible, sous le rapport de la consommation, de construire des demi-becs, sous le rapport de l'intensité lumineuse, la relation cherchée n'était qu'une chimère

Et en effet tel bec à 10 ou 12 jets consomme presque autant qu'un bec à 20 jets et ne donne que la moitié de la lumière de celui-ci.

Il y a comme cela, dans l'industrie du gaz une foule de résultats qui paraissent à première vue des anomalies, mais qu'une appréciation exacte et bien entendue des causes premières parvient à expliquer.

Presque tous les becs ordinaires se fabriquent en cuivre, et la platine qui porte les ouvertures est en fer. M. Mutel a essayé de les fabriquer uniquement en fonte de fer ; il a fait ainsi des becs qui seraient éternels sans la rouille.

On a tenté de faire des becs d'Argand à huit jets seulement ; mais le résultat a été négatif. En effet, il va sans dire qu'au fur et à mesure que l'on diminue le nombre des jets, il faut restreindre le diamètre des becs; car sans cela l'éloignement, la trop grande distance d'un jet à un autre amènerait une désagrégation de la flamme, qui, au lieu de former un corps unique, ne représenterait plus qu'une gerbe de jets lumineux.

Or l'expérience nous apprend que la séparation des jets nuit étrangement à l'intensité lumineuse.

Telle lumière éblouissante, produite par la réunion de vingt jets sur un bec à double courant d'air, se réduirait presque à rien, si les flammes des vingt jets étaient séparées. Il est donc important de ne pas éloigner les ouvertures les unes des autres, tandis que leur rapprochement et leur multiplicité ne font qu'accroître la richesse de la flamme

Nous concluons donc de tout ce qui précède, que le bec ordinaire d'Argand le plus avantageux à employer est le bec réglementaire à vingt jets.

Passons maintenant aux diverses améliorations qui y ont été apportées. Déclarons d'abord que notre intention n'est pas de remuer la poussière des tentatives échouées, mais bien de nous borner à la description des brûleurs actuellement en usage.

La première modification apportée aux dispositions du bec ordinaire est celle qui a reçu le nom de *bec Maccaud*, du nom de son inventeur.

Le principe du dosage de l'air, que nous avons établi plus haut, a été pressenti par M. Maccaud ; il a eu aussi conscience de la nécessité de diriger l'air du courant d'air extérieur sur la flamme ; mais, à notre avis, il n'a employé que des moyens insuffisants. Hâtons-nous toutefois de dire que le résultat heureux obtenu par ses perfectionnements a prouvé d'une manière évidente ce que l'on doit attendre d'un brûleur construit avec toute l'intelligence des nécessités de la combustion.

L'invention de M. Maccaud consiste à envelopper toute la partie inférieure du bec, de la galerie à la vis de raccord, d'un cône renversé en toile métallique dont les mailles ont environ un demi-millimètre carré. Ce cône, tronqué à la partie inférieure, repose dans un culot de métal maintenu par le raccord, et s'ajuste à la partie supérieure autour de la galerie, de sorte que toute la quantité d'air nécessaire à l'alimentation de la flamme est obligée de traverser la toile métallique, et de s'y tamiser en quelque sorte.

A l'intérieur de la galerie, l'inventeur a ajouté un cône de métal pour diriger l'air sur la flamme.

Expliquons maintenant comment, à nos yeux, l'inventeur n'a fait que pressentir les principes par nous décrits.

La quantité d'air qui doit alimenter les deux courants, extérieur et intérieur, du bec, ne saurait être la même; par conséquent l'accès doit en être modifié suivant les besoins de chaque courant d'air. Il en résulte que leur alimentation doit s'opérer séparément, car il est évident que la plus grande quantité d'air doit se diriger dans le sens du plus fort tirage, qui est celui de la cheminée et, par suite, du courant d'air extérieur, au détriment du courant d'air intérieur du bec.

Dans l'appareil Maccaud, le même air, si nous pouvons nous exprimer ainsi, concourt à l'alimentation des deux courants: c'est une faute.

Une autre faute encore réside dans la confection du cône directeur. Ce cône, dans l'appareil qui nous occupe, est fort petit et s'arrête à un centimètre au-dessous de la partie supérieure du bec. Dans cette position à quoi sert-il, sinon à restreindre le tirage de la cheminée, et à amener l'air à lécher longitudinalement la flamme, ce qui ne lui donne qu'une partie de la force d'activité qu'il devrait avoir.

Cependant, tel qu'il est, ce brûleur a joui d'une très-grande vogue et il est encore aujourd'hui fort estimé. M. Chopin, son propriétaire actuel, en construit à 12, 16 et 20 jets. Le meilleur est sans contredit le dernier, qui, à une consommation de 220 à 230 litres, donne une intensité de lumière très-élevée. La flamme en est fixe, paisible, d'une belle couleur; en un mot ce brûleur est, sur le bec ordinaire, un progrès vraiment remarquable, et pourtant le cône et le panier de toile métallique sont les deux seuls perfectionnements, tant il est vrai qu'il faut bien peu de chose pour modifier l'éclat de la lumière.

A peine la vogue se fut-elle attachée au bec Maccaud, que l'esprit d'imitation se mit en travail pour arriver à un même résultat en employant un moyen différent. On sauta à pieds joints sur l'application du principe du tamisage de l'air dont on devait cependant croire l'inventeur propriétaire, on l'imita dans l'effet obtenu, et nous pourrions presque dire dans le moyen employé, tant il y a peu de différence entre le tamisage de l'air opéré par une toile métallique ou par une feuille de métal découpée à jour en une infinité d'ouvertures d'une très-petite dimension. Mais le bec Maccaud, dit bec phlogostatique à flamme immobile, avait été honoré d'un rapport favorable de M. Payen, de l'Institut, et il fallait obtenir une flamme également immobile et d'une intensité pareille.

Comme M. Maccaud, M. *Frère* a eu le sentiment des principes nécessaires à la parfaite confection d'un bec, mais comme lui aussi il s'est arrêté au milieu de la route, bien que ses becs donnent un résultat fort intéressant.

La partie inférieure du bec Frère est enveloppée d'un panier métallique à fentes longitudinales et fixé à la vis de raccord ; la galerie repose sur le panier même et non sur le corps du bec, qui est fort court et n'a que 26 millimètres environ de longueur.

L'alimentation n'est point distincte ; l'air, une fois entré dans le panier, se rend en plus grande affluence du côté où le tirage est le plus énergique.

Le cône directeur s'élève le long du bec, mais il s'arrête à 3 millimètres au-dessous du bord supérieur de celui-ci.

L'inventeur construit des brûleurs de 10, 12 et 16 jets; ces derniers sont, à volonté, répartis sur une circonférence d'un diamètre de 20 et de 22 millimètres au choix. A 8 centimètres de hauteur de flamme, nous avons obtenu avec les deux diamètres une intensité égale, mais une consommation plus faible pour le plus fort diamètre ; et cela s'explique par la dimension du courant d'air, qui ne varie pas proportionnellement au diamètre de la circonférence.

Somme toute, ces becs ont les mêmes qualités que le brûleur précité ; leur flamme est fixe et assez intense.

M. *Marini* est propriétaire d'un bec inventé par M. Martin, qui est construit, sous certains rapports, avec une entente un peu plus complète des principes de la combustion ; mais ce diable d'esprit humain est toujours enclin à la complication des moyens : aussi le brûleur en question est-il fort ouvragé, si bien que la main-d'œuvre qu'il nécessite en maintient le prix.

Le corps du bec est fort allongé (0m,045) ; le diamètre de son courant d'air intérieur est de 17 millimètres et demi, et celui de la circonférence formée par ses vingt jets est de 20 millimètres seulement; les jets sont donc disposés le plus près possible du bord du courant d'air.

Une chemise de métal ajustée au bord supérieur du bec l'enveloppe jusqu'à la naissance de la fourche; la partie supérieure de cette chemise, séparée par un rebord destiné à s'appuyer sur la galerie, est unie et ne porte qu'une rangée de vingt-quatre trous placés autour des jets de gaz; la partie inférieure est entièrement criblée de trous circulaires fort petits.

Le bec, ainsi revêtu de sa chemise, entre dans le panier, percé en son entier de trous semblables à ceux de la chemise, et surmonté d'une galerie auquel il est serti ; un raccord réunit le bec au panier.

Il résulte de cette disposition que l'air qui pénètre dans le panier alimente le courant d'air extérieur, et ne se rend au courant intérieur qu'après avoir traversé les jours de la chemise, où il se tamise pour la seconde fois.

La quantité d'air qui alimente le courant intérieur est donc nécessairement plus petite que celle qui se rend au courant extérieur, elle est en quelque sorte dosée; seulement nous nous demandons pourquoi le courant extérieur n'a pas été dirigé sur la flamme par un cône. L'inventeur a négligé ce moyen et y a substitué une alimentation nécessairement insuffisante au moyen de la ligne d'orifices qui garnit le bord supérieur de la chemise, lesquels orifices amènent l'air doublement tamisé pour le courant intérieur.

Ce brûleur, dont la consommation varie de 150 à 200 litres de gaz, est d'un fort bel effet; la fixité de la flamme est très-grande ainsi que la chaleur développée par la combustion du gaz.

Parmi les becs de métal à jets, l'un des plus beaux sans contredit sous le rapport de l'intensité développée et de la tranquillité de la flamme, et en même temps l'un des plus simples dans sa construction, est le bec *Dubail*.

En cherchant à fabriquer le bec à double courant d'air avec le moins de main-d'œuvre possible, M. Dubail est arrivé, fortuitement peut-être, à l'une des meilleures combinaisons que nous connaissions.

La robe de son brûleur a la forme ordinaire; seulement, au lieu du rebord qui sert à asseoir la galerie, elle porte à sa partie inférieure un évasement qui s'emboîte d'une manière exacte avec un étranglement pratiqué au panier. La fourche de ce brûleur est dissimulée par une sorte de culot de métal venu à la fonte, lequel culot termine le bec et porte quatre grandes ouvertures pour donner à l'air extérieur communication avec le courant intérieur du bec.

Le panier qui enveloppe le brûleur, bien que formé d'une seule pièce, se divise à l'œil en deux parties par l'étranglement dont nous avons plus haut parlé. La partie inférieure du panier est criblée de petits trous ronds destinés à tamiser l'air ; la partie supérieure est percée de fentes longitudinales.

Le cône directeur s'élève un peu au-dessus du bec ; nous en avons même où il s'élève de 3 ou 4 millimètres au-dessus et où il se recourbe vers la flamme.

Il résulte de cette disposition que les deux courants d'air du bec sont alimentés d'une manière distincte et constante, et que l'air du courant extérieur arrive directement sur la naissance de la flamme.

Celle-ci est d'une ampleur, d'une fixité et d'une uniformité remarquable ; nous l'avons vue parfois, avec une dépense de 230 litres, produire une intensité lumineuse de 31 bougies.

M. Dubail construit deux grandeurs de becs, toujours à 20 jets, répartis sur une circonférence de 16 ou 20 millimètres de diamètre ; le plus petit consomme utilement de 140 à 190 litres suivant la pression, l'autre varie par la même cause entre 175 et 230 litres. Nous prisons fort ce brûleur.

Le métal n'est pas la seule matière qui ait servi à la confection des becs à double courant d'air ; la porcelaine est venue aussi jouer son rôle avec d'autant plus d'avantage, que n'étant pas bonne conductrice du calorique, elle permet de diriger le bec sans crainte de brûlures. Elle s'est également prêtée à la confection des paniers, mais avec des ouvertures naturellement plus larges.

L'alimentation des deux courants d'air n'est point

distincte, mais le cône directeur s'élève presque jusqu'à l'orifice du brûleur.

M. *Bengel* fabrique des becs à 24, 30 et 40 jets qui tous sont d'un fort bel effet et très-recherchés, le panier en porcelaine étant d'un aspect plus agréable que celui des becs purement métalliques.

Le brûleur proprement dit n'est autre chose qu'une capsule de porcelaine reliée à une base de cuivre qui porte la fourche.

Le percement en est très-régulier, et l'on n'a point à craindre, comme on l'a annoncé à tort, que la porcelaine ne devienne poreuse au contact fréquent de la flamme.

Nous ne pouvons clore la partie de notre travail relative aux becs à jets sans parler des brûleurs à tubes inventés par M. *Mutel*, le même qui a fabriqué des becs Argand ordinaires entièrement en fonte de fer.

Au lieu de faire arriver le gaz à la combustion par des jets pratiqués à la platine du brûleur, M. Mutel a imaginé d'emboîter dans chacun des trous du bec un petit tube d'acier qu'il enfonce au marteau et qu'il coupe à une certaine distance au-dessus du brûleur, à 5 ou 6 millimètres par exemple.

Cette disposition, qui rappelle le magnifique brûleur inventé par Leslie, en Angleterre, permet aux tubes de s'échauffer avec facilité, circonstance qui agit sur le gaz à son passage dans les tubes et le prédispose ainsi à une combustion parfaite.

En effet, la partie bleue de la flamme se trouve sensiblement amoindrie, et la lumière acquiert une intensité remarquable.

Le reste du brûleur est construit comme la plupart des autres becs, sans idée des principes qui président à la parfaite combustion.

Il y a un panier à fentes longitudinales tamisant

l'air pour les deux courants à la fois ; puis un cône trop bas pour guider l'air sur la flamme.

Si la combinaison des accessoires était faite suivant les données véritables de la théorie, nul doute que le bec Mutel ne fût l'un des brûleurs les plus estimés.

L'inventeur fabrique des becs à 8, 12, 16 et 20 tubes. Le premier de ces becs est la justification complète de nos dires sur la nécessité de rapprocher les tubes ou les jets, et, en effet, les huit tubes de ce bec projettent des jets distincts et séparés dans toute leur hauteur, de telle sorte que la flamme maigre, bleue, n'a point de corps, et, par suite, manque d'intensité.

En revanche, les brûleurs à 16 et 20 tubes offrent une flamme satisfaisante sous tous les rapports.

Avant de quitter les becs à jets, pour passer aux brûleurs à fente circulaire, constatons que tous les appareils que nous venons de décrire nécessitent, pour brûler convenablement : 1° une pression parfois de beaucoup plus forte que celle qui est nécessaire au bec réglementaire de 120 litres à l'heure ; 2° une grande régularité dans les dimensions des jets ; car s'il arrivait que l'un ou plusieurs des orifices fût inégalement percé, la forme de la flamme s'en ressentirait immédiatement, et s'allongerait en divers endroits en pointes disgracieuses très-prédisposées à fumer. A cet égard, nous recommandons à nos lecteurs le plus grand soin dans l'entretien des becs.

Becs à fente circulaire.

Les becs à fente circulaire sont généralement des becs à basse pression, par suite de dispositions particulières de leur organisation intérieure. Dans ces brûleurs, la platine percée de trous des becs à jets est remplacée par un orifice annulaire laissé libre entre les deux tubes concentriques qui forment le bec. Il en résulte que, lorsque cet orifice est parfaitement régulier, la flamme en sort en une nappe lumineuse qui a plus de corps, plus d'épaisseur que dans les divers appareils que nous venons de passer en revue.

Trois fabricants seulement rivalisent entre eux pour la confection de ce genre de brûleur qui demande un soin extrême, en raison de la parfaite égalité que doit conserver de tous côtés la fente circulaire. Ce sont : MM. Parisot, Gilbert et Bedicam, ce dernier, de Strasbourg.

M. *Parisot* est l'inventeur des becs à fente circulaire, dits à rodage, ainsi nommés, parce que les deux tubes concentriques qui forment la robe du brûleur, et par conséquent la fente circulaire, sont indépendants l'un de l'autre, et se réunissent ou se séparent à volonté, au moyen d'un rodage à la base du bec, qui empêche le gaz de s'échapper par une autre issue que la fente circulaire supérieure.

Le tube qui forme le courant d'air intérieur vient à la fonte avec la fourche qui fait arriver le gaz dans le brûleur ; de la vis de raccord à la base du bec, un panier, en forme de cône renversé et à fentes longitudinales est chargé de tamiser l'air qui doit alimenter le courant intérieur.

Un peu avant le bord supérieur du bec, le tube dont il est question porte un large bourrelet cannelé dans le sens de sa longueur, et dont la fonction est d'arrêter et de diviser le gaz intérieurement au bec avant qu'il n'arrive à la fente circulaire, et de maintenir en outre le second tube à une distance partout égale du premier quant à la fente.

Le second tube, qui constitue, à proprement parler, la robe du brûleur, porte à sa base la partie supérieure du panier destinée à alimenter le courant d'air extérieur du bec ; à ce panier est reliée la galerie dans l'intérieur de laquelle est fixé un cône directeur légèrement recourbé et trop court pour arriver à la partie supérieure du bec.

Nos lecteurs comprennent combien l'entretien de ce brûleur est facile, puisqu'il n'y a qu'à enlever la robe du bec pour en nettoyer l'intérieur. A cet avantage vient se joindre celui d'une lumière fixe et intense, d'une flamme parfaitement égale et douée d'un éclat remarquable.

Sauf la trop petite dimension du cône directeur, l'agencement de ce bec est bien entendu ; le dosage séparé de la quantité d'air nécessaire à l'alimentation intérieure et extérieure de la flamme s'opère naturellement, et le temps d'arrêt que subit l'émission du gaz à son passage par les cannelures intérieures du bec amortit la pression et prédispose le gaz à une combustion plus parfaite.

En résumé, le *bec à rodage* est un des meilleurs appareils de ce genre que nous ayons. M. Parisot en exécute cinq grandeurs différentes.

Un principe à peu près semblable a présidé à la confection du bec à fente circulaire de M. *Gilbert*, seulement cet appareil présente une particularité que nous n'avons jusqu'à présent remarquée dans aucun autre.

Sa robe va en s'élargissant vers sa base, et à un centimètre à peu près de son extrémité supérieure elle s'évase, comme si l'inventeur avait voulu faire épanouir en tulipe la flamme au sortir du brûleur.

Le courant d'air intérieur du bec subit la même courbure, de sorte qu'il est étranglé vers le milieu et élargi à ses deux extrémités.

Qu'on lui ait donné la forme d'un cône renversé, comme quelques fabricants l'ont fait, cela se comprend ; l'air qui y pénètre s'échauffe et se dilate avant d'arriver au foyer de la combustion ; mais nous ne saisissons pas nettement le motif de l'étranglement du courant d'air intérieur du bec Gilbert.

Le cône directeur affecte aussi la même forme renversée au lieu de diriger l'air sur la flamme.

Le panier tamise l'air qui alimente à la fois les deux courants ; il est serti à son extrémité inférieure autour de la vis de raccord, et comme la galerie est retenue par le corps du bec, il en résulte qu'on ne peut pas démonter le brûleur pour le nettoyer en cas de besoin.

Malgré cela, le bec Gilbert produit un fort beau résultat ; la flamme est blanche, pure, tranquille et assez intense.

L'inventeur en exécute de trois dimensions, calculées sur le diamètre de la fente circulaire, qui varie de 13, 15 et 18 millimètres.

Un bec très-ouvragé et, sans contredit, d'un fort joli effet, a été combiné par M. *Bedicam*, de Strasbourg.

Ce brûleur présente, dans sa confection, l'alliance du fer et du cuivre : du fer, pour la fente circulaire à l'orifice de laquelle doit s'opérer la combustion ; du cuivre, pour le corps même du bec, la fourche et le raccord.

A la moitié environ de la hauteur du corps, la robe porte un pas de vis au-dessus duquel sont percés des trous latéraux qui communiquent avec l'intérieur du corps du bec et livrent passage au gaz ; puis la lèvre intérieure de la fente circulaire s'ajuste à vis sur la robe en formant un étranglement qui, lorsque les deux lèvres sont assemblées, constitue une petite chambre dans laquelle se répand le gaz avant la combustion.

La lèvre extérieure de la fente circulaire vient se visser sur la robe et recouvrir les orifices latéraux dont nous avons parlé.

Ce système est en quelque sorte un système mixte, puisqu'il renferme des jets séparés et une fente circulaire ; il a pour but de brûler le gaz à la plus basse pression possible, c'est-à-dire dans les meilleures conditions.

Le courant d'air intérieur s'évase vers le haut.

Le panier tamise indistinctement l'air atmosphérique pour les deux courants ; il est formé de deux pièces dont la supérieure est criblée d'un bien plus grand nombre de trous que l'inférieure ; de cette manière l'affluence de l'air est plus considérable pour le courant extérieur.

Le cône directeur dépasse le bec de quelques millimètres et guide assez convenablement l'air sur la flamme.

Somme toute, ce brûleur est assez bien organisé, ainsi que le prouvent les résultats qu'il donne.

M. Bedicam en construit de cinq grandeurs différentes dont les fentes ont un diamètre de 14, 16, 18, 20 et 22 millimètres.

Résumons-nous.

Nous venons de passer en revue rapide les différents becs à jets, à tubes et à fente circulaire aujourd'hui en usage, après avoir posé les principes qui doivent présider à la confection des appareils les plus propres à obtenir une combustion parfaite.

Bien que la plupart des brûleurs analysés n'aient pas été rigoureusement construits d'après ces principes, nous en avons remarqué dont les résultats ont répondu à l'attente de leurs inventeurs ; et sans les signaler plus particulièrement à l'attention publique par la publication comparative du maximum de pouvoir éclairant de chacun d'eux, nous en avons dit assez pour que le consommateur intelligent soit guidé dans son choix.

Nous allons maintenant passer à l'examen des brûleurs particuliers du gaz portatif.

BECS A GAZ RICHE.

Lorsque l'on fait usage de gaz riche, c'est-à-dire de gaz dans lequel les matières grasses ou le boghead jouent le principal rôle comme matières premières, on ne peut employer que des becs dont les orifices soient excessivement étroits, et cela en raison de la densité du gaz, chargé d'une immense quantité de carbone.

Les becs papillon sont fort peu usités dans ces occasions, et le bec manchester est presque uniquement employé ; mais il faut qu'il ait des trous en quelque sorte microscopiques. C'est ainsi que le gaz portatif, l'un des gaz les plus riches que l'on connaisse, se brûle au moyen de becs manchester, dont la dépense varie de dix à soixante ou soixante-dix litres, au maximum, à l'heure. La série de becs spécialement construite à ce sujet est divisée de cinq en cinq litres.

On comprendra que de pareilles dépenses de gaz suffisent à l'éclairage, même le plus somptueux, quand on se sera convaincu, comme il sera facile d'en obtenir la preuve, qu'un bec de quarante litres à l'heure donne, avec du gaz portatif, une intensité qui varie de dix à quatorze bougies.

La pression à laquelle sont généralement essayés ces becs est de 20 millimètres, mais nous préférons de beaucoup le système employé par M. Jeanneney, qui a composé une série toute particulière de becs à gaz riche, comprenant dix-huit numéros, dont la dépense est déterminée à une pression uniforme de 7 millimètres seulement, pression qu'il est toujours facile d'obtenir par le jeu du robinet particulier du bec. Lorsque l'on cherche à obtenir le maximum de lumière que peut produire un gaz, il nous paraît sage d'utiliser tous les moyens que la pratique et l'expérience nous procurent pour arriver à la combustion la plus parfaite, accompagnée de la plus grande somme de lumière possible.

On a essayé d'utiliser, à la combustion des gaz riches, les becs d'Argand à double courant d'air ; mais malheureusement on ne s'est pas, à notre avis, assez rendu compte des difficultés à vaincre, et l'on n'a jusqu'à présent produit que des appareils sans avantage marqué.

CHAPITRE NEUVIÈME.

PRESSION. — MANOMÈTRE.

Nous avons déjà bien souvent, dans le chapitre qui précède, parlé à nos lecteurs de la pression, sans leur en faire connaître la nature et sans leur expliquer les instruments au moyen desquels on la mesurait.

Pour envoyer chez le consommateur le gaz fabriqué que l'on tient renfermé dans des gazomètres, il faut exercer sur ceux-ci, d'une manière quelconque, une pression qui les force à envoyer le gaz dans les tuyaux de conduite. On charge donc les gazomètres d'un certain nombre de poids, et l'on mesure la pression ainsi exercée au moyen d'un tube de verre doublement recourbé en forme d'*U*, dans lequel on a introduit une certaine quantité d'eau et qui communique avec les conduites du gaz.

Lorsque le gaz est au repos, on conçoit que l'eau qui est renfermée dans la partie recourbée du verre maintienne son niveau dans les deux branches par suite de la loi de la pondération naturelle ; mais si une pression quelconque vient à être opérée sur le gaz pour l'envoyer dans les tuyaux de conduite, il déplacera nécessairement l'eau contenue dans le tube recourbé, la baissant dans le conduit par lequel il arrive et la forçant à s'élever dans la partie opposée de l'*U*, partie non fermée et recevant par conséquent l'air atmosphérique.

C'est à la distance qui existe entre le niveau de l'eau dans les deux tubes que l'on mesure la pression ; ainsi, s'il y a entre les deux niveaux une différence de 15 millimètres, on dit que le gaz est à 15 millimètres de pression. Le tube en verre se nomme *manomètre* et est toujours accompagné d'une échelle graduée suivant le système métrique.

Pour faciliter l'usage du manomètre, on en a construit de diverses formes, mais tous jusqu'à présent reposent sur la différence de niveau exercée sur l'eau par la pression opérée sur le gaz.

CHAPITRE DIXIÈME.

DES FUITES ET DES EXPLOSIONS.

Lorsqu'une installation est terminée, il est bon de s'assurer de la manière dont les travaux sont exécutés, car les soudures des tuyaux peuvent être mal faites, les joints à vis peuvent ne pas être herméti-ques, et les cuirs qui servent à l'ajutage des diverses parties d'un appareil peuvent ne pas être assez comprimés ; en outre il pourrait arriver que les robinets ne fussent pas étanches, que les raccords fussent mal joints, et le gaz trouvant des issues en quelque sorte illicites, se répandrait sans être brûlé dans les localités habitées.

Si pareille effusion avait lieu pendant la nuit dans une chambre où quelqu'un reposerait, et qui ne serait pas parfaitement ventilée, une fuite considérable pourrait amener l'asphyxie en raison de la quantité d'oxyde de carbone que contiendrait le gaz ; si, éveillée par l'odeur, la personne qui habiterait la pièce allumait imprudemment une bougie quelconque, il pourrait arriver qu'une explosion eût lieu, explosion qui occasionnerait des dégâts proportionnés à la quantité de gaz mélangé à l'air atmosphérique de la chambre.

Il est donc de toute importance que l'exécution des travaux soit éprouvée avec le plus grand soin, puisque la négligence à cet égard peut amener des désastres.

Ce n'est pas que le gaz non brûlé, répandu dans l'atmosphère, occasionne toujours une détonation ; des expériences réitérées ont prouvé que le mélange de l'air et du gaz doit atteindre une certaine proportion pour devenir détonant, proportion au delà de laquelle tout danger cesse d'exister.

Ainsi tant qu'un volume de gaz n'est pas mélangé à huit volumes d'air atmosphérique, aucune détonation ne se produit ; mais aussitôt que l'air est au gaz dans la proportion de huit à un, l'approche d'une lumière occasionne une détonation et le gaz brûle avec une flamme fuligineuse ; si neuf volumes d'air sont mélangés à un volume de gaz, la détonation est plus forte, mais sans fumée ; si l'air atteint dix ou onze fois le volume du gaz, c'est alors que se produit la plus forte détonation possible.

A mesure que la quantité d'air augmente, la faculté détonante décroît, si bien qu'un mélange d'un volume de gaz contre vingt-cinq volumes d'air n'est plus susceptible de donner lieu à une explosion.

C'est pour cela que l'on recommande avec instance à tous les consommateurs de gaz d'ouvrir les portes et les fenêtres des appartements où il est évident, par l'odeur, que le gaz s'est répandu avant sa combustion, afin d'augmenter le volume d'air, d'affaiblir le mélange et de lui ôter toute faculté détonante. Lorsque ces précautions sont prises, on peut alors venir avec une lumière rechercher l'endroit où s'est produite la fuite de gaz.

Jadis, lorsque l'on voulait procéder à la vérification des appareils, on y introduisait le gaz, et avec une lampe, une chandelle ou un papier allumé, que l'on promenait sur toute la longueur de la conduite, on s'assurait ainsi qu'aucune fuite n'existait. Cette opération s'appelait *le flambage*. On comprendra sans peine quelle garantie illusoire elle offrait aux consommateurs, puisqu'il suffisait d'un peu de blanc de céruse pour boucher momentanément des fuites même assez importantes; la céruse en séchant se fendillait, ou se détachait d'une des lèvres de l'ouverture, et les travaux acceptés comme étanches n'en étaient pas moins remplis d'imperfections. Le flambage avait en outre l'inconvénient d'abîmer parfois les appareils, de noircir les plafonds; on a même vu des explosions occasionnées par ce mode imparfait de vérification.

La sollicitude de l'autorité devait nécessairement être éveillée par un pareil état de choses, aussi trouvons-nous dans l'ordonnance de M. le préfet de police, du 27 octobre 1855, un article ainsi conçu :

« Art. 13. — Il est défendu de rechercher les fuites » par *le flambage*, excepté dans les lieux en plein » air ou parfaitement ventilés.

» Chaque entrepreneur d'éclairage par le gaz et » chaque fabricant d'appareils devra avoir à sa dis- » position les appareils nécessaires pour rechercher » les fuites sans employer le flambage.

» Ces instruments devront être préalablement ap- » prouvés par nous et être constamment en bon » état.

» Les appareils d'éclairage actuellement existants

» et ceux qui seront placés à l'avenir, devront en
» outre être munis des ajutages et raccords néces-
» saires pour que l'administration puisse à tout ins-
» tant, et sans aucun retard, s'assurer que les appa-
» reils ne présentent pas de fuites. »

Le seul système qui ait jusqu'à présent reçu la sanction de l'autorité, c'est celui qui consiste à employer l'air comprimé à la recherche des fuites de gaz; non pas que ce soit le seul qui ait été imaginé, mais, aux yeux de tous, c'est celui qui offre jusqu'à présent le plus de garantie et de sécurité.

Ainsi, l'on a tenté de placer à côté du compteur un récipient dans lequel le gaz était dilaté au moyen d'un brûleur allumé; mais cette dilatation qui pouvait servir à déceler une petite fuite, deve nait impuissante en présence de plusieurs fissures.

On a tenté d'injecter de la fumée dans les conduites, d'y comprimer des gaz, voire même du gaz acide carbonique, enfin d'y produire le vide par le moyen d'une machine pneumatique; tous ces moyens, plus ou moins heureux, sont restés inappliqués, et la compression de l'air étant évidemment celui qui rassure le mieux le public, sans que son application si simple lui donne la moindre crainte sur l'efficacité de son fonctionnement, est le seul qui ait survécu à toutes ces tentatives.

C'est à M. Maccaud que l'industrie du gaz est redevable de cette idée; il a pris une pompe foulante, l'a adaptée à un point quelconque d'une conduite de distribution intérieure, et ce au moyen d'un raccord muni d'un manomètre pouvant indiquer une pression de un à quatre atmosphères: cela fait, mettant l'appareil en mouvement, il a injecté de l'air dans les tuyaux de conduite.

Evidemment, si des fuites existaient, la quantité d'air auquel elles livraient passage étant moindre que celle introduite dans la conduite par chaque coup de piston, une compression légère s'opérait à l'intérieur, et un sifflement se produisait, sifflement qui suffisait non-seulement à déceler la présence des fuites, mais encore à indiquer l'endroit où elles existaient. La réparation devenait dès lors facile.

Dans les grands établissements, lorsque l'existence de fuites considérables débitait l'air atmosphérique au fur et à mesure de son introduction dans la conduite, on divisait en sections les tuyaux intérieurs, et l'on opérait isolément sur chacune de ces sections.

Après la réparation des fuites, le jeu de la pompe ayant élevé la compression à un degré voulu, on s'assurait par la stabilité de l'aiguille du manomètre de l'étanchéité de la conduite. On comprend sans peine qu'un système aussi simple, ne demandant la production d'aucun gaz pour être mis en action, et ne pouvant, quoi qu'on en ait dit, occasionner aucun dégât aux appareils tant il suffit d'une légère pression pour découvrir les fuites, soit resté le seul admis à la pratique.

Mais les fuites ne dépendent pas toujours des appareils ; la négligence des employés ou des domestiques est, pour la plupart du temps, la principale cause des accidents qui se produisent.

Pour s'éviter la peine de fermer les robinets particuliers des becs, ils s'imaginent, le plus souvent, qu'il s'agit de fermer soit le robinet du compteur, soit le robinet d'ordonnance, et lorsque, le lendemain, vient l'heure de l'allumage et qu'ils ont donné accès au gaz dans le compteur, ils sont fort étonnés, pour le moindre retard, de voir voler en éclats une montre fermée, ou prendre feu à des becs par lesquels le gaz s'est répandu avec profusion.

Il faut bien avouer que ce péché de paresse est un peu la conséquence d'un avis publié par l'autorité et par les Compagnies d'éclairage, avis dans lequel nous remarquons cette phrase :

« Pour l'extinction, il convient de fermer d'abord

» le robinet principal intérieur et ensuite chacun des » becs d'éclairage. »

Il nous semble qu'il vaudrait mieux fermer un à un tous les becs d'éclairage en se rapprochant du compteur, et ne fermer le robinet principal que lorsqu'il n'existe plus qu'un bec d'allumé ; on s'assurerait ainsi que le compteur est bien clos, et il n'y aurait plus qu'un robinet particulier de bec à fermer ; tandis qu'en prescrivant de fermer d'abord le robinet du compteur, il est évident que l'employé, qui en fait toujours assez pour ce qu'on le paie, voyant tous les becs éteints, ne comprendra pas la nécessité d'aller fermer leurs robinets.

CHAPITRE ONZIÈME.

IRRÉGULARITÉS DE L'ÉCLAIRAGE.

On observe souvent, pendant la durée de l'éclairage, des irrégularités qui se produisent dans la flamme, qui tantôt varie d'intensité, tantôt de hauteur, et sautille parfois d'une manière fatigante à l'œil.

Les variations d'intensité proviennent souvent de l'introduction de l'air dans les tuyaux de conduite par suite de travaux de réparation exécutés dans la journée sur un point quelconque du périmètre. C'est surtout au commencement de la soirée que cet effet se remarque C'est de l'air qui passe dans les tuyaux de conduite, et qui s'enregistre au compteur comme gaz brûlé.

Les variations lentes de hauteur de flamme proviennent du compteur ; une des marches de l'hélice contient un dépôt de goudron qui l'alourdit au point que, lorsque le passage du gaz force cette partie du volant à s'élever hors de l'eau, ce qui ne s'effectue qu'avec lenteur, la flamme du gaz diminue de hauteur, l'alimentation n'étant plus aussi considérable. Lorsqu'au contraire cette marche a franchi le point culminant, elle retombe du côté opposé avec force, et la flamme s'élève par suite de l'affluence du gaz que cette chute précipitée procure. Il est urgent alors de faire nettoyer le compteur.

Quant au sautillement du gaz, sautillement auquel on a donné le nom particulier de *danse du gaz*, il provient uniquement de l'obstruction des tuyaux de conduite par les eaux entraînées et déposées par le gaz. Lorsque cet effet se produit, il faut visiter toute la conduite pour s'assurer qu'il n'y a pas de contre-pente dans laquelle puisse s'établir un dépôt d'eau de condensation; s'il en existe une, on doit la purger au moyen d'une sonde et y établir un bouchon à vis, improprement appelé siphon, pour remédier au retour de semblable inconvénient, sans avoir besoin de nouveau de percer la conduite.

Le dépôt peut encore exister dans les sinuosités des lyres, bras, lustres; en ce cas, l'introduction de l'air opérée avec force dans la conduite suffit pour chasser l'eau, qui sort par un ou plusieurs robinets dont on a enlevé la clef.

Si, après avoir pris toutes ces précautions, après avoir vainement recherché la cause du sautillement du gaz, celui-ci continuait à danser, il faudrait, sans délai, faire prévenir la Compagnie, car l'obstruction existerait dans le branchement extérieur, et elle seule alors a le droit d'y porter remède.

CHAPITRE DOUZIÈME.

DES APPAREILS ACCESSOIRES.

Indépendamment des appareils indispensables à l'éclairage au gaz, comme lyres, bras, genouillères, lustres, tés, candélabres et brûleurs, il est encore d'autres appareils non moins indispensables, mais dont cependant l'usage s'est répandu en raison des avantages qu'ils procurent; de ce nombre sont les réflecteurs, les fumivores, les régulateurs, et les appareils propres à la carburation.

C'est surtout pour augmenter l'éclairage de l'étalage des magasins que l'on emploie les réflecteurs. On les dispose à cet effet, soit pour être posés intérieurement, soit pour être chaque soir placés à l'extérieur, et, dans ce cas, on les ferme au moyen d'une vitre qui en forme comme une espèce de lanterne pour empêcher l'air atmosphérique ambiant d'éteindre le bec de gaz qui y est renfermé.

Généralement la forme de ces réflecteurs n'est en rapport avec aucune des données certaines de la science, la routine seule a présidé à leur confection, et comme on est arrivé à la forme qui paraît être la plus commode, on se contente des résultats obtenus sans s'inquiéter des améliorations qu'il y aurait à y apporter pour en faire des appareils vraiment utiles.

Les fumivores sont un des accessoires dont l'usage est le plus généralement répandu, et la raison en est que leur but principal est d'empêcher les produits de la combustion de noircir les plafonds des magasins, pour la plupart surchargés de dorures et d'ornements A proprement parler, l'emploi du fumivore, ainsi que l'indique son nom, devrait être d'absorber la fumée et de conduire à l'extérieur de l'appartement les gaz délétères que la combustion engendre, tels que le gaz acide carbonique, produit par la combustion du gaz oxyde de carbone, et l'hydrogène sulfuré qu'une épuration imparfaite peut avoir occasionnellement laissé subsister dans le gaz.

A cet effet, les fumivores primitifs étaient terminés par un tube communiquant à l'extérieur des appartements. Cette disposition, rationnelle à notre avis, avait l'immense avantage de faciliter la ventilation des localités éclairées au gaz, ainsi que l'a fait fort judicieusement observer le docteur Tavignot.

Mais aujourd'hui, le fumivore paraît avoir renoncé à sa destination première ; on le fabrique en cristal, en opale, en porcelaine, en cuivre, en métal émaillé, etc., etc., on lui donne la forme d'une tulipe renversée et on l'ornemente de mille manières. En général, il faut se défier des fumivores en cuivre ou suspendus à l'appareil par une plaque de cuivre disposée à l'intérieur; l'action de la chaleur et des produits de la combustion engendre de l'oxyde de cuivre qui se détache parfois par parcelles, ce qui peut devenir très-nuisible à l'économie animale dans les salles à manger éclairées au gaz au moyen de lyres ou autres appareils suspendus au-dessus de la table.

Nous n'avons rien à dire des globes de cristal qui constituent aujourd'hui l'un des accessoires les plus élégants de tout appareil à gaz. Longtemps ces globes tourmentés de mille manières, suivant le caprice de l'ornementateur, ont été l'accompagnement exclusif des becs à double courant d'air. Leur emploi, dans de certaines dispositions, a même donné lieu à des inventions fort utiles au point de vue de l'économie et de la stabilité de la lumière, tels ont été les appareils de MM. Chaussenot, Jobard, Magnier, et, en dernier lieu, de MM. Bonnet et Sagey.

Aujourd'hui, les globes sont parvenus à s'approprier à la flamme des becs manchester; à cet effet, on leur a donné une forme légèrement aplatie, très-ouverte du haut pour éviter la casse, et leur orifice inférieur a été terminé par un rebord qui pût, au moyen d'un croisillon à trois griffes, s'adapter à l'appareil au-dessous du brûleur.

Nous ne dirons rien non plus des diverses formes, plus ou moins rationnelles, que l'on s'est imaginé de donner aux cheminées des becs. Nous avons dit à ce sujet quelles devaient être les qualités et les dimensions de ces appareils accessoires; nous ne reviendrons donc pas sur ce chapitre, et nous n'examinerons pas les formes hétéroclites plus ou moins heureuses que l'on s'est plu à leur donner.

Le régulateur à gaz est, à nos yeux, l'un des accessoires les plus indispensables pour produire un bon éclairage; mais c'est un des appareils les plus incompris de la part des consommateurs, qui semblent s'être obstinément refusés à son emploi, en raison des quelques soins qu'il nécessite, et pourtant aucun appareil n'est appelé à leur rendre plus de services.

En effet, l'emploi du régulateur, dont la fonction est de ne laisser parvenir le gaz aux brûleurs que sous une pression constante et uniforme, met le consommateur à l'abri des dépenses de gaz occasionnées par les excès de pression, en même temps qu'il empêche les brûleurs de produire une flamme fuligineuse, ou autrement dit, de faire filer les becs.

Ainsi, non-seulement l'adoption d'un bon régulateur apporterait au consommateur une économie réelle dans sa dépense, mais encore elle éviterait cette surveillance incessante à laquelle il faut se livrer, à certaines heures de la soirée, pour éviter de voir le gaz noircir et détériorer l'ornementation des magasins ou appartements.

A la vérité, c'est une chose rare qu'un bon régulateur ; les différences de pression qu'éprouve le gaz sont parfois si minimes, qu'il faudrait que l'instrument fût doué d'une sensibilité extrême pour en atténuer l'effet.

On a combiné des régulateurs de toutes sortes : les uns devaient leur sensibilité à l'emploi de flotteurs placés dans des vases remplis d'eau ; d'autres ont été basés sur l'emploi du mercure ; quelques-uns, enfin, fonctionnaient à sec.

A l'essai, la marche de ces divers régulateurs a toujours été irréprochable ; mais dans la pratique, la négligence des consommateurs d'y apporter les soins nécessaires, soit en renouvelant l'eau, soit en entretenant convenablement les diaphragmes flexibles des régulateurs à sec, en a bientôt fait autant d'instruments inutiles, si bien que l'on en chercherait en vain parmi les abonnés de la capitale.

Nos voisins d'outre-Manche ont bien mieux compris que nous tout le parti qu'ils pourraient tirer de cet appareil.

Le carburateur est un instrument qui a pour effet d'augmenter le pouvoir éclairant du gaz par sa mise en contact avec les vapeurs d'hydrocarbures que dégagent les huiles essentielles qu'il contient. Le degré de richesse qu'il communique au gaz dépend entièrement du degré de volatilité de ces huiles.

On a construit des carburateurs de toutes formes et sur tous les principes possibles ; sans entrer dans la description de toutes les tentatives réalisées, nous dirons aux consommateurs que le meilleur carburateur est celui qui est exempt de mécanisme, qui ne met en contact avec le gaz que la quantité d'hydrocarbures nécessaire à sa carburation, et dont le service ne nécessite point le transvasement à domicile de liquides dont l'odeur particulière excessivement prononcée peut affecter d'une manière désagréable les abonnés ou leurs chalands, et nuire par suite à leurs relations commerciales.

Nous conseillons donc aux consommateurs de gaz de profiter des avantages réels que présente l'emploi des carburateurs, mais en même temps nous les prévenons d'avoir à prendre toutes les précautions nécessaires pour éviter l'effusion à l'intérieur d'odeurs insupportables. Les carburateurs devront donc être installés dans des corridors, des cours, voire même des caves, mais toujours de préférence dans les lieux les plus aérés possibles.

Cette précaution prise, si les hydrocarbures employés sont d'une qualité parfaite, comme les huiles essentielles de goudron que l'on désigne sous le nom de benzine, ou les produits des condensations du gaz portatif, on trouvera dans l'usage du carburateur une économie réelle qui pourra varier suivant la nature des becs employés, et que nous avons vue parfois s'élever à cinquante pour cent par la substitution, à des becs de fort calibre, de brûleurs d'une faible dépense produisant, par suite de l'enrichissement du gaz, une lumière égale à celle que donnaient les brûleurs déplacés ; car il est bon que le consommateur sache que le gaz carburé ne peut être brûlé sans fumée qu'au moyen des becs de petit calibre, et que les becs à double courant d'air sont généralement impropres à la combustion du gaz carburé.

CHAPITRE TREIZIÈME.

CHAUFFAGE AU GAZ.

Ses avantages, principes sur lesquels reposent les divers appareils actuellement en usage.

Il n'est pas un consommateur de gaz qui ne se soit aperçu de la chaleur que dégage la combustion du gaz dans un brûleur, et qui, parfois même, ne se soit plaint, surtout en été, de ce surcroît de calorique ajouté à la température de la saison.

C'est même un grief parfois assez vigoureusement articulé contre l'emploi du gaz; généralement on ne réfléchit pas à la supériorité d'intensité de la lumière du gaz comparativement à celle des lampes, chandelles et bougies, et nous avons souvent entendu dire que l'application du gaz à l'éclairage était une invention admirable, mais que l'un de ses plus grands défauts consistait dans l'immense développement de chaleur qui en résulte.

On ne se rendait point compte qu'en groupant assez de lampes, de chandelles ou de bougies pour arriver à la même somme de lumière, on obtiendrait la même quantité de chaleur; on constatait un fait naturel, inévitable, conséquence forcée de l'intensité acquise, et qui vient à l'appui de cet axiome qui veut que la plus grande somme de lumière soit toujours accompagnée de la plus grande somme de chaleur.

Et, en effet, tout tend à prouver ce rapport constant entre la lumière et le calorique, depuis la veilleuse, dont la lueur vacillante suffit à peine pour entretenir la tiédeur de la potion du malade, jusqu'à la lumière électrique, dont l'éclat éblouissant est accompagné d'une chaleur si intense que les métaux non-seulement s'y fondent avec rapidité, mais encore s'y consument en un clin d'œil, sans laisser pour ainsi dire de trace appréciable.

De l'observation qui avait pour but de constater la quantité de calorique dégagée par le gaz en combustion, à l'utilisation de cette chaleur, il n'y avait qu'un pas, et ce pas à peine fait, donnait naturellement naissance à une industrie nouvelle qui devait avoir pour objet la fabrication des appareils spécialement disposés pour le chauffage au moyen du gaz.

On inventa donc des appareils de tous côtés ; chacun créa à l'envi des ustensiles plus ou moins ingénieux, destinés à tous les usages possibles : cuisine, emplois industriels, chauffage des appartements ; on se posa tous les problèmes, on les résolut, ou on crut les résoudre tant bien que mal, et personne ne se pemanda si la puissance calorifique du nouvel agent qui devait satisfaire à tous les besoins, était assez considérable pour suppléer avec avantage aux combustibles qui, jusqu'à ce jour, avaient été mis en usage.

Personne ne se dit que le gaz n'était qu'une partie du produit de la décomposition d'un corps, et que, par conséquent, ce corps, au moment de sa combustion, devait donner une plus grande somme de chaleur que le sous-produit qui en provenait, attendu, qu'outre le gaz qu'il contenait, il livrait encore à la combustion une foule d'autres dérivés dont la réunion constituait son essence.

On ne fut frappé de prime-abord que des avantages du chauffage par le gaz, et ces avantages étaient tels que des esprits mercantiles pouvaient bien s'y arrêter, parce qu'ils y trouvaient une recommandation puissante pour l'écoulement des produits de leur industrie naissante.

Et, en effet, ces avantages sont vraiment dignes d'être appréciés par le consommateur : l'instantanéité avec laquelle on obtient le degré de chaleur nécessaire, sans avoir besoin de l'aide des soufflets, sans craindre les émanations délétères du charbon en ignition, sans avoir à redouter la cendre et la poussière que l'intervention de l'air fait le plus souvent voler malencontreusement sur les préparations culinaires auxquelles on se livre, sans, enfin, avoir à perdre un temps précieux dépensé à attendre que le foyer ait atteint le degré de calorique nécessaire ; la spontanéité avec laquelle on éteint le feu par le seul jeu du robinet, sans perdre de combustible pendant la durée de l'extinction, c'est-à-dire sans avoir l'embarras des étouffoirs et sans être obligé de couvrir tout un fourneau de poussière par l'éjection de quelques gouttes d'eau sur de la braise ou du charbon à l'état d'incandescence ; la facilité avec laquelle on règle le calorique au degré voulu ; enfin l'absence de toute fumée : tout cela ne constitue-t-il pas pour le consommateur des avantages réellement appréciables et bien dignes de fixer son attention sur une industrie qui, par ses progrès, le débarrasse d'une foule d'ennuis, petites misères constantes de la vie domestique ?

Examinons donc avec soin les principes sur lesquels reposent les divers appareils jusqu'à présent mis en usage, afin que les consommateurs puissent apprécier d'une manière convenable les instruments les plus propres et les plus économiques, et que nous arrivions par ces détails à vulgariser l'emploi du gaz aux besoins domestiques.

La combustion du gaz dans les appareils de chauffage s'opère jusqu'à présent de deux manières parfaitement distinctes :

1° Indirectement, par l'interposition entre le brûleur et le point où le gaz entre en ignition, d'une ou de plusieurs toiles métalliques ;

2° Directement par la combustion du gaz au sortir du brûleur.

L'emploi de la toile métallique a pour but de permettre à l'air atmosphérique ambiant de se mélanger au gaz préalablement à sa combustion, de l'appauvrir, pour ainsi dire, d'enlever à la flamme tout son éclat en lui donnant une teinte bleuâtre assez semblable à celle de la flamme du punch, et de permettre ainsi de la mettre en contact immédiat avec les récipients contenant les matières que l'on désire chauffer.

Mais a-t-on bien réfléchi qu'en mélangeant l'air et le gaz non brûlé, on décomposait pour ainsi dire le gaz, et que les gaz les plus lourds qui y sont contenus ne trouveraient point dans les appareils un tirage assez énergique pour venir se brûler à la surface de la toile métallique et se répandraient dans l'atmosphère, où leur action pernicieuse se ferait inévitablement sentir.

Effectivement, dans un grand nombre d'expériences par nous faites avec des appareils construits d'après ce système, nous avons toujours eu l'occasion de constater l'influence délétère de l'effusion, dans l'air, de l'oxyde de carbone, et des renseignements qui nous sont parvenus nous ont appris que maintes fois l'on avait dû renoncer à l'emploi de calorifères ainsi disposés, par suite d'alourdissement et de douleurs de tête communiqués aux assistants par l'emploi de ces appareils.

Cependant il ne faudrait pas conclure de ces inconvénients que l'on doive rejeter sans examen tous les appareils à toiles métalliques ; lorsqu'ils sont disposés de manière que le tirage soit énergique, on peut les employer avec économie, mais on devra toujours veiller à ce que les localités soient parfaitement ventilées.

En Ecosse et en Prusse, l'usage de ces appareils est excessivement répandu ; du reste, c'est en Ecosse où ils ont pris naissance, puisque leur invention appartient à M. Robison, secrétaire de la Société royale d'Edimbourg ; quant aux nombreuses applications que l'on en a fait aujourd'hui, nous les devons à Elsner, de Prusse, qui a su, par ses combinaisons ingénieuses, en tirer le parti le plus avantageux.

Cependant, quels que soient les avantages que présente l'emploi de la toile métallique, nous ne pouvons nous défendre de préférer les appareils à combustion directe; et les Anglais, ces grands amateurs du confortable, paraissent être complétement de notre avis. La crainte que l'on a de voir le gaz, brûlé à l'état naturel, noircir les récipients que l'on y superpose, est, à notre avis, une crainte sans fondement; il suffit que les règles ordinaires de la combustion soient parfaitement observées, que l'air afflue en quantité suffisante pour l'alimentation de la flamme, que celle-ci soit convenablement dirigée sous le récipient, au-dessous et à l'entour duquel doit être ménagée une issue pour les produits de la combustion, et l'on obtiendra ainsi un dégagement de calorique égal sinon supérieur à celui que donne l'emploi de la toile métallique.

En même temps qu'ils sont plus rationnels, en ce qu'ils brûlent le gaz d'une manière complète, ces appareils sont plus simples dans leur construction; souvent même il a suffi de l'installation du brûleur, usité pour le chauffage, à l'intérieur d'un fourneau ordinaire, pour constituer un appareil susceptible de rendre d'utiles services.

Quant aux appareils complets, spécialement destinés au chauffage par le gaz, les plus répandus en Angleterre sont ceux de Smith et Phillips et de Bower; en France, les plus recherchés sont ceux de MM. Marini, Goelzer, Georgi et Bengel.

On a cherché à construire des appareils de chauffage sur un système mixte, c'est-à-dire que l'on a tenté de perfectionner les foyers à toile métallique en y adjoignant un courant d'air indépendant de celui qui a pour objet d'opérer le mélange de l'air et du gaz; cette combinaison, dont M. Parizot est l'auteur, a pour effet d'annihiler presque entièrement l'effusion de l'oxyde de carbone.

Nous devons faire observer à nos lecteurs que si nous trouvons de l'avantage à l'emploi du gaz au chauffage, ce n'est que dans les usages domestiques, tels que la cuisine et les besoins de certaines petites industries, comme les préparations pharmaceutiques ou chimiques, le soudage, le travail des petits objets en verre, ainsi que le chauffage des fers à repasser ou à coiffer, et quelques autres qui nous échappent.

Quant au chauffage des appartements, c'est une autre question qui n'a point été jusqu'à présent assez été étudiée, assez mûrie. On a fabriqué des calorifères de toutes les formes sans se rendre compte de l'impuissance du nouvel agent calorifique, comparativement à la puissance de celui qu'il était appelé à remplacer.

On n'a pensé qu'à une chose, c'est que dans les cheminées ou dans les poêles alimentés par le bois, le coke ou le charbon de terre, lorsque l'on obtenait utilement quinze ou vingt pour cent du calorique dégagé au foyer, on devait se regarder comme très-heureux, et l'on s'est dit que puisque le gaz ne produisait point de fumée, on devait espérer d'utiliser au chauffage tout le calorique dégagé par sa combustion.

Partant de cette idée, on a construit des poêles essentiellement mobiles, au moyen desquels aucun atome de la chaleur n'était perdu; mais il est résulté de ces combinaisons, que si toute la chaleur était employée, en revanche tous les produits de la combustion se répandaient dans l'atmosphère qu'ils viciaient.

On a donc été forcé d'adapter à chaque calorifère au gaz un tuyau de dégagement chargé de conduire à l'extérieur le gaz acide carbonique et tous les produits de la combustion du gaz dans le calorifère, si bien que le chauffage au gaz s'est trouvé dans des conditions semblables à celles du chauffage par les anciens procédés ; nous ne voulons point dire que la perte de calorique soit égale, c'est-à-dire de 80 à 85 0/0 ; toutefois elle ne cesse pas que d'être sensible, et nous ne croyons pas être exagéré en la taxant à environ 50 0/0 du calorique dégagé au foyer.

Or, dans ces conditions, la substitution du gaz à la houille est-elle avantageuse ?

Examinons la quantité de chaleur que dégagent le gaz, la houille, le coke et même le bois parfaitement sec, et déduisons-en, aux prix actuels, la dépense comparative de ces divers combustibles.

Un mètre cube de gaz hydrogène bicarboné à raison de 12,032 unités de chaleur par kil. en dégage 8,750
Un kilogramme de houille en dégage . . 7,500
— de coke — . . 6,000
— de bois sec — . . 3,600

D'où il résulte que pour arriver à la même somme de calorique produite par un mètre cube de gaz, il faudra dépenser en houille. . 1k,166
en coke. . . 1k,458
en bois sec. . 2k,430

Or, au détail, le charbon de terre vaut 6 fr. les 100 kil. ; le coke vaut en moyenne 24 fr. la voie de 15 hectolitres, dont le poids est d'environ 600 kil. ; le bois, première qualité, se vend également 6 fr.

Mettons en regard le prix des quantités susmentionnées de houille, de coke, de bois et de gaz, en comptant le gaz à raison de 40 centimes le mètre cube, prix moyen du gaz pour la France ; nous aurons, pour la même quantité de chaleur produite, une dépense :

En gaz de. . . 0f,40
En houille de . 0f,06,9
En coke de . . 0f,05,8
En bois sec de. 0f,14,5

Admettons, comme nous l'avons dit plus haut, que

la perte de calorique causée par la nécessité de faire évacuer les produits de la combustion, soit pour le gaz de 50 0/0, et pour les autres matières de 85 0/0, le prix de la dépense en gaz, augmenté de 50 0/0, sera donc de 0f,64,0

Celui de la houille augmenté de 85 0/0 sera de 0f,12,7

Celui du coke. 0f,10,7

Enfin celui du bois sec sera de 0f,27,0

Il n'y a donc pas avantage, sous le rapport du prix, à chauffer un appartement au moyen d'un calorifère à gaz, à plus forte raison à employer au même but les foyers à air libre, garnis d'amiante, ou les foyers en terre réfractaire imitant, au moyen du gaz, la combustion du bois; car ces appareils, si ingénieux et si bien disposés qu'ils soient, devront être placés dans une cheminée, et alors la perte de calorique s'élèvera à environ 85 0/0 comme pour la houille.

Sauf quelques exceptions concernant diverses applications industrielles qui n'offriraient aucun attrait pour le consommateur ordinaire de gaz, le chauffage au gaz doit actuellement se réduire aux applications culinaires, et sous ce rapport on a combiné des appareils fort utiles.

Leur emploi présente donc à la fois pour l'abonné, économie matérielle, économie de temps, instantanéité et propreté : ce sont là, certes, des avantages qui doivent faire la fortune du chauffage par le gaz.

Nos lecteurs comprendront que nous ne citions pas d'exemples relatifs à l'économie qu'apporte la cuisson des aliments au gaz; tant de causes peuvent faire varier les calculs, qu'il est inutile d'en préoccuper le public.

FIN.

TABLE DES MATIÈRES.

INTRODUCTION. — Histoire de l'éclairage de Paris. 3
CHAPITRE PREMIER. — Du gaz, sa définition, sa fabrication, sa composition 17
CHAPITRE II. — Des divers produits de la distillation de la houille et du boghead. 34
CHAPITRE III. — Avantage du gaz sur tous les autres systèmes d'éclairage. 39
CHAPITRE IV. — Formalités à remplir pour l'adoption de l'éclairage au gaz. 48
CHAPITRE V. — Des branchements extérieurs, des robinets d'ordonnance 78
CHAPITRE VI. — Du compteur. 84
Instruction pour les agents chargés de la vérification des compteurs 105
CHAPITRE VII. — Des appareils. 119
CHAPITRE VIII. — Des becs ou brûleurs. 132
CHAPITRE IX. — Pression, manomètre. 164
CHAPITRE X. — Des fuites et des explosions. 165
CHAPITRE XI. — Irrégularités de l'éclairage. 170
CHAPITRE XII. — Des appareils accessoires. 172
CHAPITRE XIII. — Chauffage au gaz. 177

PARIS. — IMPRIMERIE CENTRALE DE NAPOLÉON CHAIX ET Cᵉ RUE BERGÈRE, 20.

ON TROUVE A LA MÊME LIBRAIRIE

ET PASSAGE JOUFFROY, 61

LE GAZ, journal des producteurs et des consommateurs des gaz d'éclairage et de chauffage, paraissant les 10, 20 et 30 de chaque mois. Prix de l'abonnement annuel : Paris, 10 fr. ; Province, 13 fr. ; Étranger, 15 fr. ; Espagne, 20 fr.

TRAITÉ DE L'ÉCLAIRAGE AU GAZ, tiré de la houille, des bitumes, des lignites, de la tourbe, des huiles, des résines, des graisses, etc., par Pelouze père, inspecteur de la Compagnie anglaise Mamby, Wilson et Cᵉ, établie à Paris, et revue, quant au principe théorique et à l'analyse des matières, par Pelouse fils, professeur de chimie à l'École polytechnique, membre de l'Académie des sciences, suivi d'un Traité méthodique de la fabrication du coke et du charbon de tourbe, ou Description raisonnée de tous les procédés de carbonisation des combustibles minéraux. 2 vol. in-8° et atlas. 15 fr.

Le Traité méthodique de la fabrication du coke et du charbon de tourbe se vend séparément. . . . . 6 fr.

TRAITÉ DE L'ÉCLAIRAGE, 1 vol. in-8°, accompagné de 10 pl. sur acier. Par PÉCLET. . . . . 8 fr. 50

MÉMOIRE SUR UN PROJET D'ÉCLAIRAGE PAR LE GAZ, de chauffage par la vapeur et de ventilation au moyen d'appareils simultanés, applicables aux maisons particulières qui devront substituer ce système à tous les modes d'éclairage et de chauffage employés jusqu'à ce jour. In-8°. Par GIRAULT (Émile) ingénieur civil. . . . . 1 fr. 25

SYSTÈME GUÉNON en forme de catéchisme, à l'usage des élèves des fermes-écoles. In-18. Par COMBES (Anacharsis). . . . 30 c.

MM. Lacroix et Baudry ont toujours, outre les livres de leur fonds, un assortiment aussi complet que possible de toutes les publications qui intéressent MM. les Ingénieurs et Architectes, MM. les Chefs d'usines industrielles et d'exploitations agricoles, MM. les Élèves des Écoles polytechnique et professionnelles.

PARIS. — IMPRIMERIE CENTRALE DE NAPOLÉON CHAIX ET Cᵉ RUE BERGÈRE, 20. — 9184.

www.ingramcontent.com/pod-product-compliance
Ingram Content Group UK Ltd.
Pitfield, Milton Keynes, MK11 3LW, UK
UKHW021055270726
13967UKWH00012B/1519